创业学营销

手把手教你 玩转
微信营销

SHOUBASHOU JIAONI WANZHUAN
WEIXIN YINGXIAO

马 英 ⊙主编

化学工业出版社
·北京·

"创业学营销"系列图书主要通过理论知识与实际营销案例相结合的方式来讲解商品的营销艺术。《手把手教你玩转微信营销》首先对微信营销的基础知识进行了介绍,然后分别对不同微信功能的营销渠道下业务人员所应掌握的技术技巧进行详细讲解,内容由浅入深,方便读者进行阅读。

本书共分9章,具体包括微信商家对于微信营销的基础认识、微信公众号的营销、微信引流、微信粉丝营销、微信朋友圈以及微信群营销等内容。

通过阅读本书,读者会对微信营销有全新的认识,微信营销并不如想象当中的晦涩难懂,也并不是简单地在朋友圈中刷屏发广告,微信营销更像是微信商家的一个自媒体平台,在拉近与客户之间距离的同时起到营销推广的作用。

本书整体结构完整,难度由浅入深,非常适合初入微信营销的商家、有微信营销创业想法的上班族以及广大中小企业管理人或营销部门相关人员进行阅读,希望在阅读的同时帮助读者更好地完成创业梦想。另外也可作为各大中专院校营销类教材使用。

图书在版编目(CIP)数据

手把手教你玩转微信营销/马英主编. —北京:化学工业出版社,2017.12
(创业学营销)
ISBN 978-7-122-30833-7

Ⅰ.①手… Ⅱ.①马… Ⅲ.①网络营销 Ⅳ.①F713.365.2

中国版本图书馆CIP数据核字(2017)第257433号

责任编辑:左晨燕　　　　　　　　　　文字编辑:刘　婧
责任校对:王素芹　　　　　　　　　　装帧设计:刘丽华

出版发行:化学工业出版社(北京市东城区青年湖南街13号　邮政编码100011)
印　　装:三河市延风印装有限公司
710mm×1000mm　1/16　印张12¾　字数152千字　2018年5月北京第1版第1次印刷

购书咨询:010-64518888(传真:010-64519686)　售后服务:010-64518899
网　　址:http://www.cip.com.cn
凡购买本书,如有缺损质量问题,本社销售中心负责调换。

定　　价:49.80元　　　　　　　　　　　　　　　版权所有　违者必究

前言
FOREWORD

2011年，微信一上线就吸引了众多用户注册使用，仅仅用了两年时间就成了目前注册用户最多的移动通信应用。其中潜藏的巨大商机也成功地吸引了众多商家，无数商家纷纷注册微信公众号加入微信营销，对于商家而言微信营销有什么样的吸引力呢？

首先，微信作为一种新媒体，它的传播速度快，并且传播的范围较广。其次微信作为移动通信工具，它具有无可替代的便捷性与及时性。另外，相比传统的传播工具，例如报纸、电视等，微信传播的效果更加明显化和丰富化，它可以将文字、音频、视频以及图片等结合起来进行传播。

本书在讲解上由浅入深，逐层递进，首先对微信营销进行了理论分析，然后再结合大量的微信营销实例进行分析，让微信商家在了解营销理论知识的同时，再通过营销实例加深对微信营销的印象。

本书共分9章，大致可以分为五个部分。

- 第一部分为本书的第1章，主要介绍了微信营销的功能性、如何利用微信的基本功能做简单的营销、成功的微信营销包含什么以及微信营销三部曲。即对于微信商家而言，如今的微信营销具体面临怎样的困境、有哪些对策以及如何制订适合的微信营销方案。
- 第二部分为本书的第2～第3章，这一部分讲的是微信公众号，包括微信订阅号和微信服务号，两种不同的公众号营销效果不同、营销方式也不同，以及不同的企业如何选择适合自己的微信公众号。
- 第三部分为本书的第4～第5章，微信营销离不开粉丝，这一部分主要讲的是如何通过粉丝来进行营销，怎样将粉丝转化成具体的收益。既然粉丝是营销的重点，那么如何引流到微信也就成了关键。所以这部分首先对如何引流到微信进行了介绍，然后介绍了粉丝营销。

前言
FOREWORD

- 第四部分为本书的第6～第8章，这部分讲的是微信朋友圈营销、微信群营销、微信游戏以及微信红包营销等，通过这些具体的营销方式向微信商家详细地介绍了营销的方法，从而帮助微信商家对微信的各个功能有更全面的认识。
- 第五部分是本书的第9章，首先介绍了微信营销中一些常见的错误、一些创新型的微信营销成功案例以及微信营销的效果评估。通过这些介绍，让微信商家对微信营销有更深的认识，从而进一步做好微信营销。

本书为了避免过于冗长的理论介绍，所以在文中加入大量的案例，有成功的营销案例，也有失败的营销案例，通过对不同营销案例进行分析，使内容更容易被理解，同时也增加了阅读的趣味性。

本书主要定位于大众创业者，如中小型公司老板和管理人员、一般个体经营者以及有微信营销想法的商家等。

本书由马英主编，其他参与本书创作与资料整理的人员有杨群、邱超群、罗浩、林菊芳、蒋海、胡燕、林晓军、马玉、邱银春、罗丹丹、帅芳、王真路、周磊、柴立权、蒋明熙、周琴、甘林圣、何超、丁颖等，在此对大家的辛勤工作表示衷心的感谢！

由于编者经验有限，加之时间仓促，书中难免会有疏漏和不足之处，恳请专家和读者不吝赐教。最后，希望所有读者能够从本书中获益，从而帮助更多的创业者实现梦想，立足商场。

编　者

2017年12月

目录
CONTENTS

第1章
微信营销开启营销新模式

不容小觑的微信营销 /2
企业营销的利器 /2
哪些行业适合微信营销 /4
微信营销的策略规划 /6

通过微信功能做营销 /9
微信"摇一摇":好戏连台,国际车展 /9
微信"扫一扫":"扫一扫"购买饮料,某宝大成功 /10
附近的人:饿的神,签名营销 /11
漂流瓶:招商银行,爱心漂流瓶 /12

成功的微信营销包括什么内容 /14
互动为王,沟通是魂 /14
精心编排的内容不可少 /15
线上线下相结合,怀念不如见面 /17

微信营销三部曲 /17
微信营销面临困境 /18
微信困境的解决策略 /19
微信营销的战略设计 /21

目录
CONTENTS

第 2 章

玩好公众号做营销

公众号的使用 /24

注册微信公众号 /24

怎么巧妙地设置你的公众号自定义菜单 /29

微信公众号的功能性 /31

公众号的设计与制作 /32

怎样取一个适合的公众号名字 /33

受粉丝喜欢的欢迎词该怎么设计 /34

公众号的推送内容制作 /36

如何进行微信公众号的营销 /38

1号店"积分红包":活动模式营销 /38

南方航空:服务式营销 /39

韩束护肤品:明星推广 /41

唯品会:品牌理念微信营销 /42

艺龙旅行网:互动式营销 /43

目录
CONTENTS

第3章
玩转服务号和订阅号

服务号和订阅号怎么用 /46
  你需要知道的订阅号 /46
  高级接口的服务号功能展示 /50
  订阅号和服务号差别在哪儿 /55

订阅号的营销推广法 /58
  提高微信订阅号的打开率 /58
  文章内容要简明 /62
  互动才是营销的关键 /64

服务号的客服营销 /66
  保证更优质的文章推送 /66
  服务号的服务营销 /68

目录
CONTENTS

第4章
懂得引流才能更好营销

线上引流多途径 /72

  通过"软文"来引流 /72

  微博巧引流 /73

  视频也可以引流 /75

  百度系平台引流怎么做 /76

  腾讯QQ引流法 /78

线下引流多渠道 /80

  精准广告，赠品式引流 /80

  速效方便，地推式引流 /81

  夺人眼球的扫码引流 /84

目录
CONTENTS

第5章
粉丝经济带来最好的营销

粉丝经济营销怎么做 /88

快速涨粉的诀窍 /88

微信营销的"危机"掉粉 /89

根据粉丝心理来营销 /91

提高粉丝的有效转化率 /93

留住"死忠粉"才是营销王道 /95

给粉丝一个忠实留下来的理由 /95

拒绝高冷,用真性情留住粉丝 /98

让粉丝一起参与、一起玩儿 /101

目录
CONTENTS

第 6 章

由朋友圈构成的营销圈

朋友圈营销模式策划 /106

先做朋友，再做营销 /106

通过口碑做营销，效果更佳 /107

做一个不让人反感的朋友 /109

朋友圈营销有哪些技巧 /111

朋友圈的互动该怎么做较好 /111

博取眼球做营销 /114

打造自己的朋友营销圈 /115

麻雀虽小，五脏俱全 /116

警惕朋友圈的雷区 /118

无亮点，以多为主 /119

由自己的主观来判定 /121

维护关系不放心上 /122

目录
CONTENTS

第7章
微信群是营销的财富通道

创建活跃的微信群 /126

微信群的创建 /126

微信群友多互动，总不会错的 /128

红包永远是活跃气氛的良药 /129

微信群营销该怎么玩儿 /131

微信群营销分几步 /131

在微信群里面的拍卖 /135

微信群众筹玩儿法 /136

微信群的日常管理和维护 /139

群主的群成员管理 /139

微信群经营并不难 /142

优质群友的维护方法 /143

目录
CONTENTS

第 8 章

人人都可以玩的微系列营销

微信游戏，玩游戏也营销 /146

　　游戏中植入品牌做营销 /146

　　游戏与当下热点结合，吸引玩家 /148

　　排行榜激励玩家再次参与 /149

　　奖品诱惑，鼓励玩家多参与 /151

微信红包，营销的"糖衣炮弹" /152

　　操作简单，联系客户 /153

　　红包帮助新粉丝关注公众号 /155

　　APP 利用微信红包做推广 /156

利用微信会员卡做营销 /158

　　会员卡营销怎么做 /158

　　会员制营销方案设计 /161

　　餐饮行业的微信会员卡改革 /162

目录
CONTENTS

第 9 章
进一步玩好微信营销

微信营销中有哪些常见的错误 /166

将微信公众号视为微博 /166

过度依赖微信营销 /169

跟风行为的微信营销 /170

创新才能够更好地营销 /173

聊天机器人的营销时代 /173

可口可乐瓶盖里的微信营销 /175

麦当劳与微信支付合作：智慧化餐厅 /177

百事可乐：百事挑赞，微信活动 /179

微信营销的效果查看 /182

如何利用客观数据来对微信营销进行评估 /182

如何通过主观感受来查看微信营销效果 /184

效果评估需要注意些什么 /188

第1章
微信营销开启营销新模式

> 提及"营销",很多人脑海中会立即出现传统的直销,通过销售人员面对面介绍,从而销售产品。今天,我们要介绍的是时下最新最火的微信营销,即通过微信渠道,达到最终的营销目的。

不容小觑的微信营销

企业营销的利器

微信营销，简单地解释就是在微信上面进行营销操作，由于微信相比其他的营销渠道有着传播渠道网状化、传播速度快、传播范围广以及客户间互动性强等优势，所以受到很多企业商家以及创业者的青睐。

微信营销不得不说是网络经济时代企业对营销模式的一种创新，微信本身并不存在距离、地域的限制，微信用户订阅自己所需要的信息，企业通过提供用户需要的信息，推广自己的产品完成营销。现在的企业一般会设置专门的部门以及员工来负责微信营销。那么，微信营销为什么如此受器重呢？

（1）营销成本低廉

对于企业而言，首先需要考虑的是营销成本。传统的营销方式推广成本较高，但是微信软件本身可以免费使用，使用各种功能并不会收取费用，同时使用微信时产生的上网流量也比较低廉。较低的营销成本，无疑是企业选择微信营销的重要原因之一。

（2）粉丝准确定位

微信营销的一个比较特别之处在于，精确的归类客户群体。微信公众号让粉丝的分类更加多样化和具体化，可以通过后台的用户分组和地域控制等功能，实现精准的消息推送。也就是说可以通过不同的分类方式将粉丝进行细致的划分，在信息推送时可以做到更具针对性的内容推广。

(3)营销内容多元化

相比传统的营销方式,微信营销显得更加活泼,营销内容也更加多元化。除了简单的文字、语音以及混合文本编辑,普通的公众号还可以群发文字、图片和语音3类内容,而认证的公众号还可以发送更漂亮的图文信息。其中,语音和视频除了能够更加直观地向用户介绍产品信息之外,还可以拉近用户之间的距离。

(4)营销方式人性化

在营销中,最容易引起客户反感的就是强制推销,而微信营销是尽力做到亲民而不扰民,在给用户带来便利的同时进行营销,用户可以选择接受或者拒绝。微信公众号的内容既可以主动推送,也可以将接受信息的权利交给用户,让用户自己选择感兴趣的内容。例如,回复某个关键词查看相关联的内容,这样使得整个营销过程变得更加人性化,用户的反感程度也大大降低。

(5)信息到达率高

对于营销而言,信息传送给用户之后,用户是否真正查看信息是营销中最为重要的一点。在微博上发送信息时,发送人并不知道你的粉丝是否真正看到了消息。而微信则不同,由于每一条信息都是通过推送通知的方式发送,所以企业发布的每一条信息都会准确传送到订阅用户手中,到达率远远高于微博。

总而言之,对于企业而言微信营销相比传统营销更具优势,更容易受到用户喜欢,营销效果也更好,所以无形之中微信营销已经成为企业营销的一大利器。

哪些行业适合微信营销

企业或创业者首先需要思考一个问题，为什么要做微信营销，是因为微信营销成为流行趋势，大势所趋吗？但是要知道，很多时候大部分的人都在做的事情，并不一定适合自己。

企业需要明确的是，并不是所有的产品或者服务都适合在微信上做营销。另外，并不是所有企业的产品或者服务适合使用微信中的所有工具做营销。例如，通过微信群对某商城的产品做销售。

在做微信营销之前，需要对自己的产品特点有所了解，是否能够借助微信这个平台使产品的特点被放大。判断企业是否适合微信营销主要从以下4个方面来进行。

- 微信营销是否有助于客户重复购买。
- 微信营销是否能够给客户带来更好的用户体验，其中包括展示体验、服务体验以及购买体验。
- 微信营销是否能够给企业带来新的客户群体。
- 这个行业的需求实现和传播互动是否可以用微信的方式来实现。

当一个企业满足的选项越多，说明该企业与微信营销的契合度越高。在日常的生活中主要有以下一些行业比较适合微信营销。

（1）食品行业

所谓"民以食为天"，在日常生活中最离不开的就是吃，食品行业做微信营销无疑受到广大群众青睐。对于目标用户的定位没有行业范围限定，也不用区分年龄阶段，广大的微信用户都可以作为潜在的目标客户群体，而且只要产品吸引人并且迎合人们的口味，就可以通过微信向其进行推广宣传，从而达到微信营销的效果。

另外，食品行业大概是最受欢迎的行业之一。食品企业策划一个简单的线上活动，吃货们分享产品体验，奖品是食品或者优惠券等，都能够吸引众多的吃货前来。

（2）婚庆行业

这类行业之前主要是通过客户体验之后，口耳相传的方式进行营销。而微信就是一个巨大的朋友圈子，在这样的圈子中发文营销吸引粉丝关注，可以起到事半功倍的作用。不同的粉丝拥有不同的朋友，层层递进，微信公众号的用户数据会越来越庞大。

（3）护肤品行业

随着人们生活水平的提高，护肤用品和化妆用品也越来越受到关注。另外，爱美不再只是女性的专利，越来越多的男性也开始注重护肤和化妆。护肤品与化妆品比较适合的是微信订阅号，每日的推送可以是护肤窍门、化妆注意事项等，这些都能够得到不少的关注量。

（4）教育机构

在现在的家庭中，孩子的教育问题已然成为重中之重，所以人们对这类营销推广反感程度较低，更多的人愿意用闲暇时间关注这方面的内容。用户可以通过公众平台了解培训机构的实例和特色教程等内容，还可以直接通过微信完成咨询和报名，查看考试成绩等。

（5）房地产行业

随着买方热潮的高涨，房地产行业让很多人又爱又恨，但不可否认的是，确实有很多的用户对这一行业保持关注。房地产行业一般包括楼盘展示、360度全景展示、周边配套、预约看房以及促销折扣等。微信能够使用户实现360度全景看房、预约看房、及时了解优惠促销活动等，能够有效帮助用户减少往返房地产的频率。

（6）医院

医院对于很多人来说意味着"挂号难、排队等、距离远、就医难"等一系列问题。而微信营销可以很好地为用户解决这些难题，医院可以通过微信进行营销，设置微信挂号、专家在线、预约查询、医院导航、健康咨询以及科室医生等模块。在切实有效地帮助用户的同时，也起到了营销的作用。

当然，上述行业只是部分适合微信营销的行业，除了这些还有很多的行业都非常适合微信营销，例如百货商场。只要找到合适的方式，介入恰当甚至提供令人眼前一亮的功能，吸引用户关注，就能成为适合微信营销的行业。

微信营销的策略规划

微信营销不是一蹴而就的，企业需要根据自身的情况制订一套完整的营销策略，然后依照策略规划去实现。由此可见，微信营销的策略规划是比较重要的。一般而言，微信营销策略规划一般包括以下几个步骤。

（1）准确定位企业微信平台

企业需要定位适合自己的微信平台，在这个微信平台上需要给粉丝提供什么类型的内容，建立这个微信平台的目的是怎样的，是为了品牌效应还是企业宣传，又或者是为了企业服务。准确的定位能够帮助企业快速找到准确的客户群体。

（2）目标群体的确定

对于微信营销而言，不可或缺的一点就是目标人群。企业需要根据产品特点找寻符合的目标人群的特点，进而确定目标人群的性别、年龄、消费习惯以及生活习惯等。

(3）目标人群的调研

确定了目标人群之后，接下来就是对这个群体进行调研。包括查询这类目标人群喜欢什么样的内容、喜欢怎样的活动以及喜欢以怎样的方式接收消息等。根据调研者的回答及时调整推送内容以及方式，以便达到最好的营销效果。

（4）制订营销的侧重点

根据目标客户的调研结果可以发现，不同的客户群体，他们的喜好不尽相同。所以，企业的营销需要具有一定的侧重点，哪一类粉丝需要重点推送消息，或者粉丝比较倾向于什么样的内容。根据不同的粉丝，作出不同的安排。

（5）设定完整的策略目标

企业可以在不同阶段设置阶段性的目标任务。通过目标任务的完成度来查看微信营销的效果。这里的阶段性目标可以包括粉丝的增长量、图文转发、图文打开率等多维度。

（6）制订具体的策略内容

在设置好各阶段性目标之后，就需要根据目标制订出具体的策略内容。也就是说，具体应该怎么去做，按照时间点，有针对性地策划相应内容和活动，制订运营策略的具体方法。

通过以上这些步骤，就可以完成微信营销的策略流程。下面介绍一个具体的微信营销策略规划：徐家汇商城微信营销策略规划。

故事借鉴

徐家汇商城的微信营销配合了商城整体营销计划。在营销过程中做到了：第一通过微信进行品牌传播，传承集团的品牌文化；第二促进销售，为商城引导流量；第三注重客户服务，扎根微信，与用户进行直接的互动沟通。

目标客户群体：年龄在25～40岁之间，处于事业稳定、中上生活水平的客户。其中女性偏多，在性格上也更偏于感性。这类客户有家庭或恋人，有朋友，有亲人，并且理性与感性的纠结一直存在于他们的生活之中。

目标群体调查：查询目标客户的评论留言，找到适合的内容推广。例如，"这篇文章好温馨啊""徐家汇商城微信上的这个段子太逗了"以及"这个洗护用品的活动促销提醒太有意思了，正好我需要"。

根据不同类型的用户的反馈，将他们划分成抑制消费型客户、理性化消费型客户、感性化需求型客户以及激励型消费客户，根据不同类别的客户推送不同的营销方案。

然后根据调查结果设定出阶段性任务，如图1-1所示。

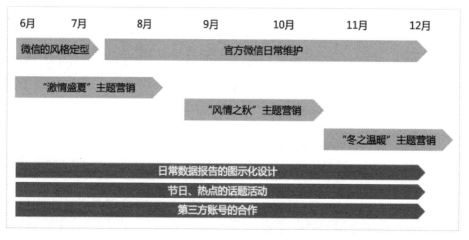

图1-1　阶段性任务

最后，根据不同的任务设置出具体的微信营销方式，使得微信营销能够准确进行，如图1-2所示。

活动营销
制造有吸引力的微信活动,通过多个渠道推送,吸引消费者参与其中,从而拉动粉丝。

话题营销
将品牌或产品包装成客户喜闻乐见并且具有传播力的内容,进行合理推送,吸引粉丝讨论。

借势营销
及时了解最新的社会性话题,包括政策、娱乐、时令等诸多方面,与品牌和产品特点融合。

客服营销
为微信粉丝提供高质量的客户服务,体现品牌人性化关怀和沟通。

图 1-2　具体营销方案设置

通过微信功能做营销

微信受到人们欢迎的原因之一,在于微信功能较多,如扫一扫、摇一摇、漂流瓶以及游戏等。对于企业而言,很多的微信功能都能够用于微信营销。

微信"摇一摇":好戏连台,国际车展

对于微信用户而言,"摇一摇"使用起来非常方便,只需要拿出手机摇一摇就可以参与各种商家及活动、添加周边的好友,不受时间与空间的限制。它本身的趣味性以及便利性也是微信用户喜欢摇一摇的原因。

但是对于企业而言,微信摇一摇的营销价值更为重要。对于经常举办活动的企业来说,微信摇一摇不但成本较低,没有任何的技术门槛,更重要的是通过微信摇一摇能够有效提升活动氛围以及效果,增加企业与用户之间的互动。下面以某国际车展的营销案例为例进行介绍。

> 故事借鉴

2015年11月某国际车展在成都展开，在此次车展现场，"摇一摇"活动引爆全场。单场活动参与人数达到了7000多人，总人数达30000多人次，创下了此类车展活动参与人数最多的记录。本次活动充值过百万，创下了现场充值最多的摇一摇；另外，现场"摇一摇"奖品也创下了线下最多的一次，包括2台宝马X1、3张20万元购车抵用券、10万元现金以及各类车配件。

从此次的活动中可以看出，"摇一摇"已经成为商家活动连接用户、打通整个活动闭环的重要工具。通过移动端、大数据用户以及社交工具等，把现场参加活动的用户的各种行为数字化，分析其潜在的需求，然后成功地引爆活动现场。

同时，活动通过"摇一摇"明显提升了现场的气氛。通过"摇一摇"这种具有乐趣性的活动，拉近了用户与企业之间的距离，增加了互动性。

微信"扫一扫"："扫一扫"购买饮料，某宝大成功

扫描二维码这个功能，开始是用来扫描识别另一位用户的二维码身份从而添加朋友的。但是随着二维码的发展，其商业用途越来越多，企业纷纷将其作为微信营销的一种方式。

在移动应用中加入二维码扫描，甚至为用户提供企业的折扣和优惠信息，这种营销方式早已普及开来，对于几亿活跃度较高的微信用户，商业价值不言而喻。

> 故事借鉴

很多人可能都在地铁、写字楼、街边以及学校见过某宝饮料的自动贩卖机，这个成立3年之久的公司已经在全国铺设超过15000台自动贩卖机。这种成功的营销方式并未使公司停下继续前进的脚步，相反公司一直在寻找更多的营销方式。

之后，公司将目光投向了微信，所以售卖机的显示屏上除了商品外，又多了一个新的标识——二维码。

只需要在售卖机上选择所需商品，并用微信的扫一扫功能扫描二维码，通过银行卡绑定微信支付，便可以完成一次无纸化的购买。除此之外，扫描二维码关注企业，还可以参与活动，领取不同额度的抵消券。

当某宝将这种微信支付方式在北京进行推广之后，经过统计，微信支付的顾客比例占总销售量的25%，这意味着每4个消费者中就有1个是通过微信支付来完成的。

某宝微信扫一扫营销的成功之处在于，切实地为顾客带来了便利，解决了麻烦。以往顾客在某宝售卖机购买食品、饮料等商品时，总需要准备一元硬币或五元、十元的纸币，如果顾客当时没有零钱的话，就可能会放弃购买。而现在微信支付为用户带来了更好的用户体验，也在一定程度上增加了销售量。

附近的人：饿的神，签名营销

微信中有一个"附近的人"功能，用户可以根据自己的地理位置找到周围的微信用户。在这些附近的微信用户中，除了显示用户姓名、性别等基本信息外，还会显示用户签名档的内容，用户可以根据这些信息找到自己感兴趣的人并添加为好友。

对于企业来说，可以巧妙地利用签名档，将其作为一个广告位。在人流较为旺盛的地方运行微信，可以有效拉拢附近用户，如果很多人在使用"附近的人"这一功能的话，这个广告的效果也不会差。

故事借鉴

一家中式快餐店，每天会通过向附近的人打招呼的方式来宣传店内的产品，结合图片吸引附近的人，然后将链接同时推送给附近的人，通过链接微信用户可以直接网上下订单,从而完成微信营销。这种简单的电子式传单打破了传统的宣传单模式,如图1-3所示。

图1-3 饿的神向附近的人打招呼

可以看到通过"附近的人"功能进行营销宣传,可以部分代替网上订餐、电话订餐以及分发传单等传统方式。同时相较而言,附近的人营销更为便利且有效。

通过LBS的定位功能,当不同的用户在同一时间处于同一地理位置时,用户可以用微信"摇一摇"将自己的地理位置信息暴露给周边1000米范围内的"微友",同时也可以搜索到对方,双方打招呼聊天,交换彼此身份信息,从而迅速形成一个社交网络。商家也可以利用这一特点,在展览馆、社区、商圈或学校等特定商品对应人群点,举办各种促销活动,然后利用微信的"附近的人"向附近的人"打招呼",推送促销信息,以引起"微友"的围观。

漂流瓶:招商银行,爱心漂流瓶

漂流瓶是从QQ邮箱移植的一款应用,该应用在电脑上广受好评,许多用户喜欢用这种方式和陌生人简单互动。移植到微信上后,漂流瓶的功能基本保留了原始简易上手的风格。

在漂流瓶中有3个模块:"扔一个",用户可以选择发布语音或者文字，然后投入大海，如果其他用户"捞"到则可以展开对话；"捡一个"，用户可以在大海中"捞"其他用户投放的漂流瓶，"捞"到后也可以和对方展开对话，但每个用户，每天只有20次机会；"我的瓶子"，用户可以在这里面查看自己瓶子的投递聊天记录。

如果企业将漂流瓶用于营销，微信官方可以对漂流瓶的参数进行更改，使得合作商家推广的活动在某一时间段内抛出的"漂流瓶"数量大增，普通用户"捞"到的频率也会增加。加上"漂流瓶"模式本身可以发送不同的文字内容甚至语音小游戏等，如果营销得当，也能产生不错的营销效果。

故事借鉴

招商银行曾发起了一个微信"爱心漂流瓶"的活动，微信用户用"漂流瓶"功能捡到招商银行漂流瓶，回复之后招商银行便会通过"小积分，微慈善"平台为自闭症儿童提供帮助。在此活动期间，有媒体统计，用户每捡10次漂流瓶便基本上有一次会捡到招商银行的爱心漂流瓶，如图1-4所示。

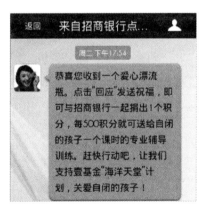

图1-4 招商银行"爱心漂流瓶"活动

此次的活动非常顺利，虽然每捡10次漂流瓶便会有1次捡到招商银行漂流瓶，次数可能会过于频繁，但是如果每次捡瓶子都能够有不同的活动或者是不同的语音活动，那么也许会大大提高用户参与互动的积极性。

成功的微信营销包括什么内容

根据众多的微信营销成功案例可以发现，成功的微信营销常常具有一些共同之处，例如积极有趣的互动以及有趣的推送文章等，下面来分别介绍。

互动为王，沟通是魂

微信本身就是一个交流沟通平台，微信营销亦是如此。沟通需要有来有往，所以互动成了微信营销成功的重要因素之一。在这其中比较重要的是人工互动，大多数的人都比较反感自动回复，如果粉丝过多，无法一一回复，那么自动回复也要适度，不要机械且千篇一律。那么，怎么互动比较好呢？

（1）提问式互动

提问式互动比较常见，效果明显。例如提问"Burberry、Chloe及Dior众多大牌的香水，你最喜欢哪一款呢？"，此时，粉丝就会参与互动，进行讨论。

另外，不同的提问方式互动也不一样。例如"我今天晚上去吃火锅"，此类互动较低。但是以提问的方式，如"什么地方的火锅比较好吃呢？希望大家多多推荐！"效果往往要比直接陈述表达的方式要好。增加粉丝的活跃度，商家与粉丝的互动必不可少。以提问的方式，使粉丝更多地参与进来，互动评论，也是比较成功的微信营销。

（2）奖励式互动

商家可以设置一些奖品来吸引粉丝参与互动。这些奖品可以是小礼物、商品或者红包等，大多数的粉丝并不是因为奖品而参与其中，更多的是因为活动本身的一种趣味性。

例如"请用一句话表达出我的内在美，随机抽取10名小伙伴送充电宝"。通常就会有很多的粉丝在讨论区进行评论，效果较好。奖励式的互动就是这种类型，不需要设置太难，要简单、参与性较强。互动的本身是为了营销宣传，并不是脑筋急转弯，如果难度太高，反而降低了粉丝参与的热情。

（3）娱乐性强的互动

与粉丝之间的互动需要具有一定的娱乐性，一味死板沉闷的心灵鸡汤，除了会引起粉丝的反感之外，得不到任何较好的回应。可以编辑一些新颖的段子，在营销推广产品的同时让粉丝觉得很有趣，分享快乐。

另外，要敢于自黑，高冷不接地气的宣传往往使粉丝与商家之间的距离较远。敢于自黑，将不好的一面以一种直接幽默的方式表达出来，同时也是一种自信的表现。

当然，除了上述的一些互动方式之外，还有其他的一些互动方式可增加粉丝与商家之间的联系。对于商家而言，最为主要的是选择适合自己产品或服务的互动方式。

精心编排的内容不可少

对于微信营销而言，大部分的推送还是文字图片的编辑。所以内容确定应该结合企业的特点，同时又能够站在用户的角度去想问题，而不只是一味地推送企业的宣传广告。虽然微信营销是为企业营销增添服务，但是对用户而言，更多的是为用户提供便利，只有推送用户需要的东西，用户才会忠实于企业，那么接下来的销售也会更加顺畅。

既然内容这么重要，那么如何才能够制作出一篇靠谱的文案呢？其实，文案内容的编辑更多的是眼观四面，耳听八方，多利用时下的热点吸引人眼球。在对热点进行编辑时，需要有新奇的观点，能够与粉丝之间产生共鸣。只有粉丝认可了文案内容，才有可能进行二次传播。

内容的美观与否会直接体现在排版上，让粉丝在阅读时能体验到文字以外的舒适感，所以排版、字体大小、风格统一以及配图讲究细节，都会给一篇文案加分不少。如果编辑人员没有深厚的审美功底，可以通过135编辑器以及秀米等免费文案编辑器来完成。

值得注意的是，推送发文虽然可以起到微信营销的作用，但是频繁的发送也会导致反感。现在多数的微信用户都会订阅几个公共号，推送的信息多了，就无法一一查看。所以关于推送内容有以下两个方面需要注意。

- **推送频次**：一周不要超过3次，太多了会打扰到用户，最坏的后果可能是用户取消对你的关注。另外，太少了用户也会抱怨，觉得你的微信只是一个摆设，根本不会从你这里获得什么。所以，这个度一定得把握好。

- **推送形式**：推送形式指内容不一定都是图文专题式的，也可以是一些短文本，文本字数一般在一两百字左右，关键在于内容能引发人思考，产生思想的火花，形成良好的互动效果。在微信中定期开展一些小调查，以短文本的形式询问读者对于内容和推送时间的建议等。这样的效果非常好，一次小调查通常会收到几百条用户回复，这样既实现了互动，也更了解用户需求，而用户也能看到他们想要的内容，应该说是多赢的结果。

综上所述，经过精心编排的文字更能够引起粉丝的共鸣，所以应该加强对内容编辑的重视。

线上线下相结合，怀念不如见面

在线上推广产品或服务，例如将一些好的文案与创意发布在平台上，让更多的人发现，从而找到微信公众号。然后在线下举办活动，好的活动会获得更多的微信好友，同时也能吸引一些高质量的微信粉丝，也宣传了企业的品牌。

如今很少有人会提及一些线下的互动，但是从沟通效果而言，见面的效果显然高于线上，也比较容易拉近彼此的感情。线上线下活动结合的意义在于，面对面的交流更容易培养忠实的粉丝群体，产生更鲜活、更接地气的内容，这样微信公众号才会显得更加真实，更有亲和力。另外，微信光靠自然增长，用户会很有限，线下活动也是增加微信用户的重要手段。

故事借鉴

某汽车公司在新车上市之前，在微信上对粉丝做过相应的市场调查。例如，"是第一辆车还是第二辆车"、"年龄在哪个阶段"以及"车是买来自己用还是送给谁"等问题。通过微信很快收到潜在客户的反馈，从沟通的结果来看完全是个性化的结果。公司把车子的性能拆成11个特点来做有奖竞猜，从而知道用户的关注点在哪里，然后再以合适的时机将用户引流到线下，组织线下的活动。

微信营销三部曲

企业的微信营销不可能一蹴而就，更多的是循序渐进。其中，首先需要对微信目前的一些情形有所了解，微信处于一个怎样的状态，然后根据特定情况提出解决办法，设计出适合自己企业的微信营销战略计划。

微信营销面临困境

随着微信用户量的激增,微信营销的巨大潜力和开阔的前景吸引了众多的企业。但是其中仍然不乏一些企业延续传统的媒体宣传方式,简单粗暴地将广告内容复制到微信平台,然后推送给粉丝,其结果可想而知。这样并不能够真正达到微信营销的目的。现在,需要明确地指出这些企业在微信营销中存在的问题,然后才能够对症下药。

(1)粉丝对象的精准性

微信作为一款聊天软件,对于企业而言能够查到用户的信息比较有限,除了用户的头像、名称以及地区等基本信息之外,并不能获得一些有效的资料。所以很多时候,关注企业微信公众号的粉丝很大程度上可能并不是企业潜在的客户,企业也很难在其中进行准确的分析。在这样比较盲目的情况下,无需求的粉丝长时间接收推送信息,只会引起反感,并取消关注,最终也达不到营销的目的。

(2)缺乏安全性

如今的骗子无孔不入,微信也成了重灾区,有的不法分子利用朋友圈进行各种类型的行骗。随着受骗人数增加以及对受骗事例的各种新闻报道,造成了一些微信用户对于微信营销的排斥和抵触。另外,一些比较简单的功能也被不法分子盯上。例如,"扫一扫"作为一种简单的交流工具,由于没有任何的安全措施,所以被手机病毒钻了空子。这些不安稳的因素使得很多微信用户缺乏安全感,对真正正规企业的微信营销也持怀疑的态度。

(3)品牌推广受阻

众多的商家和企业进入微信,使得微信中出现许多杂乱无章或者是高仿的公众号,不利于真正的潜在客户从中快速搜索到自己想要关注的公众号,所以目前品牌性的推广仍然存在很多不足。随着生活节奏的加快,大多数的微信用户都处于快速消费的状态,很难去花费大量的时间寻找真正有价值的公众号,所以企业在无形中也就失去了一部分的潜在客户,如图1-5所示。

图1-5 品牌推广公众号混乱

微信困境的解决策略

了解了企业微信营销的一些尴尬问题之后,下面就需要针对这些问题来进行对策分析,帮助企业更好地完成微信营销。

(1)精准找寻客户

对于粉丝的添加,数量与质量之间应该对质量投入更多的关心,大量地利用工具来对粉丝信息进行有效收集和划分。通过全方位地了解客户,以保证推送信息的准确性，也避免了垃圾信息的产生。同时，微信实质上就是商家和关注者之间一对一交流互动的公众平台。在大数据营销环境中，商家可以利用客户关系管理软件（CRM）帮助企业与用户进行更多的互动，对微信粉丝的各种选择、分享等动态进行智能数据分析，从而对用户进行分类。通过这种方式可以精准分析出高价值的用户，并对其进行维护，达到营销目的。

（2）实名认证更放心

微信的安全不只是微信用户关心的问题，也是企业关心的一个重点。随着微信版本的升级，微信也增加了"举报"功能。举报成功会使被举报用户不能使用微信或受其他限制，所以也在一定程度上保障了微信用户的安全。但这是远远不够的，微信用户应该完成自己的实名认证，保障自身的安全。同时，企业也需完成认证，在安全有保障的环境里，微信营销才能够发展得更好。

（3）提高关注度

很多企业都明白微信营销的重要性，也不想失去微信上潜藏着的众多客户，但总是一心多用，所以效果并不明显。目前，很多企业同时运营着多个微信公众号，使得微信用户无法区分企业的主要业务，同时让用户在众多微信公众号中查到正确的公众号也不太现实。因此，企业应该有针对性地设置自己的微信营销团队，处理微信营销中的各种事务，对于一家企业有多个微信公众号的，需要在签名栏明确指出该公众号的功能特点，同时根据企业产品或服务制订一套适合的运营方案。

微信营销还在发展的过程中，期间难免会遇到各种各样的困境，但是企业或商户应该保持一个正确的心态面对困境，以解决这些问题，从而使微信营销的效果达到最好。

微信营销的战略设计

很多人会存在这样一个误区,认为注册一个微信公众号,然后向微博一样定期发布一些推送消息就是微信营销了。其实这是错误的,这种思维比较初级,正确的微信营销应该是受到微信用户喜爱,能够帮助微信用户解决一些日常生活难题,下面以一个实例来说明。

故事借鉴

张小姐和朋友一起到百货店购买化妆品,虽然一直有固定使用的品牌,但是突然间想换一个化妆品品牌。这时候所到的各个品牌专卖店都极力推荐自家品牌,张小姐反而犯了难,不知道选择哪个品牌,更不知道哪个品牌才适合自己。

这时候,朋友突然想起自己关注的一个化妆师的微信公众号,然后张小姐和朋友仔细翻看公众号的推送消息。发现推送的消息中不仅将许多品牌做了功能性对比,还针对不同的肤质介绍了适合的品牌产品,甚至连价格都做了详细比对。张小姐和朋友如获至宝,也明确了自己需要什么品牌的产品。

案例中的微信公众号明显比较受大众喜爱,这也是微信营销的真正价值所在。微信营销就是在对的时间将正确的消息发送到需要的人手中。但是实际中的微信营销,企业通过微信推送的文章信息本身并没有什么问题,往往因为推送的方式单一,受众群体不准确,而不能让消费者感受到信息本身的价值,反而有被骚扰的感觉,进而取消对企业微信的关注。

针对这样的情况,要达到真正的微信营销目的就需要建立一个营销战略思路。我们将这个思路系统划分为3个部分,分别是初级营销、中级营销以及高级营销,下面来具体介绍。

- **初级营销**:在营销的初级阶段主要是对自身账号的完善,包括建立公众号、完善账号信息等。然后通过账号发布相关信息,建立粉丝群体。营销的初期是比较艰难的过程，一切还没有进入轨道，需要各方面的协调和规划。

- **中级营销**：中级营销一般是公众号已经初具规模，营销也经历了一段时间。这时候需要对已经存在的粉丝进行数据化管理，包括细致划分客户类型，增加彼此间的互动，增强黏性。

- **高级营销**：营销已经步入正轨，此时需要一些比较完善的流程来管理。首先建立客服体系，让客户对企业微信养成依赖，增加彼此间的信任，最终完成销售。

综上所述，可以看出微信营销更多的是站在微信用户或是消费者的角度来考虑问题，在最大可能地给他们带来便利的同时进行销售，从而达到互惠双赢的结果。

第 2 章
玩好公众号做营销

微信公众号是一个企业进行微信营销的门面，企业推送消息都需要通过微信公众号来完成，由此可见微信公众号的重要性。玩好微信公众号，也能够提高营销技巧。

公众号的使用

微信公众号是开发者或商家在微信公众平台上申请的应用账号,该账号与QQ账号互通,通过公众号商家能够在微信平台上实现和特定群体之间的文字、图片、语音以及视频的互动交流。同时,也成了一种主流的线上线下微信互动营销方式。

注册微信公众号

对于企业而言,微信公众号更多时候像是一个企业的形象,除了能够推送消息做营销,也能够完成与粉丝间的互动。形象良好的微信公众号能够吸引粉丝关注,受到粉丝喜爱。相对地,不好的微信公众号,粉丝也会迅速取消关注,甚至影响消费者对该企业的印象。微信公众号的营销应该从注册开始,下面就来看看微信公众号的注册方法。

首先,进入微信的官方网站(http://weixin.qq.com/),然后单击"公众平台"按钮,如图2-1所示。

图2-1 进入公众平台页面

由于此时注册人并没有微信公众号,所以在微信公众号页面单击"立即注册"超链接,如图2-2所示。

图2-2 进入公众号注册页面

在打开的注册页面中,根据页面提示填写相关邮箱以及设置密码等内容,然后单击"注册"按钮,如图2-3所示。

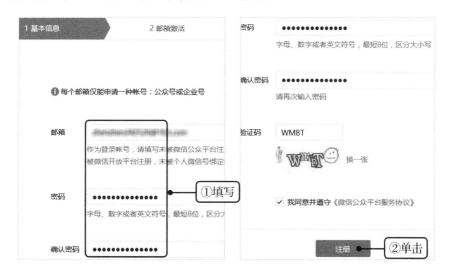

图2-3 根据页面填写信息

进入邮箱激活页面,页面提示"感谢注册!确认邮件已发至你的注册邮箱×××。"信息,单击"登录邮箱"按钮,如图2-4所示。

图 2-4 邮箱激活

登录自己的邮箱,可以查看微信平台发送的一封邮件,单击邮件中的超链接,如图 2-5 所示。

图 2-5 单击超链接

接下来根据企业的情况选择公众号的类型,分别有订阅号、服务号以及企业号,不同的类型功能不同,适用对象也不同。这里需要注意的是,一旦账号建立成功,选择的类型就不能更换。这里以订阅号为例,单击订阅号下方的"选择并继续"超链接,如图 2-6 所示。

图 2-6 公众号类型选择

在选择完类型之后，页面会提示类型不能更改，确认就可以进入用户信息登记页面。选择企业的类型，可以选择政府、媒体、企业、其他组织或者个人等类型。这里以个人为例，在页面中填写姓名和身份证号码，然后扫描二维码验证身份信息，如图 2-7 所示。

图 2-7 验证身份信息

在同一页面的下方输入手机号码和收到的验证码，然后单击"继续"

按钮，如图2-8所示。

图2-8　进入公众号设置页面

之后页面会出现相应提示，确认后就可以进入公众号设置页面，在页面编辑公众号的名称以及功能介绍，然后单击"完成"按钮就可以了，如图2-9所示。

图2-9　公众号设置

最后在打开的页面上会出现"信息提交成功。你可以前往微信公众平台使用相关功能"的提示信息。说明此时微信公众号已经建立成功，用户可以使用公众号进行登录。

怎么巧妙地设置你的公众号自定义菜单

一个受欢迎的微信公众号自定义菜单应该设置哪些内容？这是众多企业比较关注的话题。所以，微信公众号自定义菜单的设置更需要花费心思，进而制作出适合自己的菜单。

首先，企业需要明确公众号的功能与方向，然后根据自己的需求来设计。组件菜单的目的是为了方便用户使用，增加阅读量，推广内容以及APP等。所以在自定义菜单的设置中，一级菜单需要一目了然、简洁大方，同时具有吸引力，能够唤起用户的兴趣；二级菜单需要有明确的指向性，能够为用户解决实际问题。自定义菜单的风格可以分为以下几种。

（1）简约风格

简约风格就是根据企业的产品特点以及定位等，简单直接地将其表达出来，排版简洁且简单，内容属于小而美的类型。图2-10所示为微风部落的微信公众号自定义菜单。

图2-10　微风部落的微信公众号自定义菜单

微风部落是一个旅游微信公众号,可以看到微风部落的一级菜单非常简单直接,明确说明了每个菜单的功能。而在二级菜单中,也简明地列出了每个旅行项目,看起来文艺十足。所以菜单并不需要哗众取宠,但胜在精巧。

(2)直白风格

直白风格是比较简单的一种自定义方式,其实就是以一种通俗的方式告诉用户"有什么,有何用",没有过多词语的包装和修饰。图2-11为一个化妆微信公众号的自定义菜单。

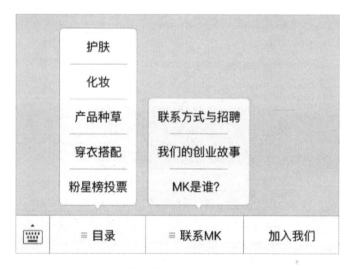

图2-11 化妆微信公众号的自定义菜单

由上图可以清楚地看到,一级菜单和二级菜单都直接说明了该菜单的功能性,简单且直观,能够帮助微信用户及时解决需求,便利且方便。

(3)幽默风格

这一类风格对于企业而言并不是都适用,一些比较严肃的公众号需要避免这类风格,例如律师事务所。但是,对于本身就属于诙谐幽默的行业就比较适合。例如图2-12所示为冷笑话微信公众号的自定义菜单。

第 2 章 玩好公众号做营销

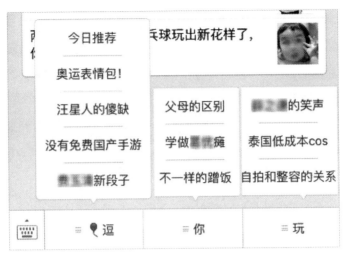

图 2-12　冷笑话微信公众号的自定义菜单

从上图可以发现，微信用户直接从一级菜单就可以清楚知道该公众号的意图，就是传递开心。而二级菜单中，也根据不同的内容做了冷笑话的分类。所以企业需要根据自身特色，设计具有自己风格的自定义菜单。

微信公众号的功能性

时至今日，微信公众号已经侵入了我们生活中的方方面面，街上随处可见商店门口微信公众号二维码图像供用户扫描关注，接过手的宣传单、食品包装上也都印有公众号二维码。由此可见公众号对消费者的重要性，那对运营方的企业而言，微信公众号又有怎样的作用呢？

首先，不得不提到的是微信公众号可以推送文字、语音、视频及图片等内容，并且将它们进行整体的综合，满足各种习惯的微信用户，大大丰富了传统媒介的推送方式。传统的媒介如电视、报纸等，比较单一，且营销价格昂贵。微信公众号在传统的推广基础上，增加了与微信用户之间的趣味互动性。

微信公众号中有一个比较突出的功能，就是自动回复。当微信用户关注一个微信公众号之后，就会立即收到一条消息，这个就是被添加的自动回复功能。微信公众平台具有一对一沟通功能，这对于营销而言是比较好的一个功能。微信用户可以在公众平台进行提问，提问的内容可以通过文字发送或语音传送，平台能自动识别内容，在最短的时间内回复给用户，增强了企业与微信用户之间的互动性，也增加了彼此之间的黏合度。

数据分析也是微信公众号后台比较强大的一项功能，企业可以对用户数据进行分析。例如，用户增减数据、用户性别、语言、省份、地理位置以及使用移动终端设备机型等。另外，对图片消息的到达率、阅读率、转发收藏率以及消息分析和接口分析等数据都能够进行分析，直观的数据分析使得推广可以获得更好的效果。在这些数据的作用下，企业可以更精确地进行营销。

微信公众平台利于企业的品牌推广，这是大企业开通微信公众平台的重要原因之一。微信公众平台服务微信用户，可以更好地引导用户了解企业文化，参与品牌的互动，提高信息曝光率，推广品牌宣传。更为重要的是大幅降低了企业组织营销的成本。

所以，微信公众号除了服务于微信用户之外，也对企业具有很大的好处。

公众号的设计与制作

既然微信公众号这么重要，那么它的设计制作就更不能够马虎草率，因为好的公众号能够从一开始就给用户留下深刻的印象。

怎样取一个适合的公众号名字

很多个人商家在给微信公众号命名时都比较犯难，不知道怎么取名才好，甚至出现随便起一个名字的现象。我们首先来看一个好的微信公众号名称具有哪些特征，如下所示。

- 让人印象深刻，能够吸引粉丝，形成比较深刻的印象。
- 名字与商家定位相同，能让人一眼就明白微信公众号是做什么的。
- 有一定的趣味性，能够让人有分享到朋友圈的想法。
- 禁止太过于个性化的设计，例如英文、拼音以及生僻字等。

既然微信公众号的命名有这么多的讲究，那么该怎么来命名呢？根据统计划分出几种方式，分别是提问式、直接式、另类式、行业式、功能实用式以及形象式等。

提问式很好理解，以提问的方式取名，让用户觉得有意思。例如，正确的健身怎么做、这么可爱的便当你真的舍得吃。通过提问的方式，让用户对其产生好奇心，从而吸引用户关注。

直接式是比较常用的命名方式，这种方式比较适用于大型的企业或者品牌企业，由于公众对于这类企业已经有了一定的认识，所以在微信公众号命名时直接用品牌名或企业名比较好。例如大众点评网、环球时报等。

另类式命名是一种另辟蹊径的方法，这类公众号具有一个共同点，就是普遍追求好玩、有趣和新鲜。娱乐、搞笑类的商家运用的比较多，例如小贱鸡、冷兔小行星等。

行业式的命名法和功能实用式的命名法比较类似，就是直接通过公众号告诉微信用户做什么、所处的行业是什么、有什么用处。例如，比较典型的行业式命名的公众号有在线法律咨询、食货、电影天堂、酒店预订以及时尚旅游等。

形象式是将企业形象化或者是服务产品形象化的一种手法，把具体的事物或者抽象的事物形象化，可以使用拟人、比喻等手法。例如篮球公园，是篮球体育资讯的微信公众号；电影工厂，帮你最快发现想看的电影等。

取名字的方法有很多，但需要注意的是公众号名称是给人留下的第一印象，应尽量做到深刻，但名字并不需要多另类。能够展现企业的服务、产品特点以及企业信息的名字就是好名字。

受粉丝喜欢的欢迎词该怎么设计

公众号的欢迎词是非常重要的，因为欢迎语是和用户的第一次交流，就像与一个陌生人沟通的第一句话一样。欢迎词比较好的公众号能够给用户留下一个比较好的第一印象，给用户带来好的体验，同时不好的欢迎语也极有可能让用户立马取消关注。第一条欢迎语不是单独的一条消息，其中包含的信息量也较大。

（1）热情幽默的欢迎词

首先，每一个关注企业微信公众号的用户，想必一定是对企业的产品或者服务有一定兴趣，属于潜在的客户群体。对于主动关注微信公众号的用户或潜在客户，基本欢迎和鼓励必不可少。热情幽默的方式是比较实用的一种欢迎词编辑方式。在欢迎词中以幽默的方式展示热情，拉近企业与用户之间的距离。例如，"哎呀，又来一个很美的人。"、"终于来了，等你很久了！"。

（2）告诉关注下一步可以做什么

在阐述欢迎词之后就是告诉关注人可以做些什么，每一个关注微信公众号的人都希望能够通过微信公众号来了解该企业的产品信息。这时候可以直接告诉关注人，通过该微信公众号能了解什么，以什么样的方式了解更多的企业信息。如图 2-13 为某阅读微信公众号的欢迎词。

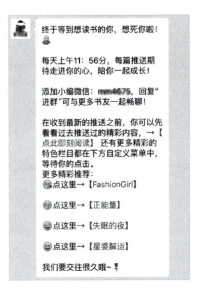

图 2-13　某阅读微信公众号的欢迎词

该微信欢迎词首先用亲切的欢迎语"终于等到想读书的你，想死你啦！"打招呼，拉近与关注人之间的距离。然后告诉关注人该微信公众号每天推送文章的时间，另外想和志同道合的朋友一起分享阅读体会可以添加小编的微信号。在收到新的消息之前可以查询历史信息和特色信息。整体来看这个欢迎词比较完整亲切，同时能够给到关注人想要的信息。

（3）关键词自动回复

在欢迎词中有一个特别的功能是关键词自动回复，关注人通过回复关键词语或者数字就可以收到对应的消息。这类的回复内容比较多，例如回复 1，内容目录阅读；回复 2，了解企业发展过程；回复 3，了解最新的企业产品。另外，回复内容的设置也可以结合各种风格。例如，幽默、逗趣或工整等。图 2-14 所示为某漫画微信公众号的欢迎词。

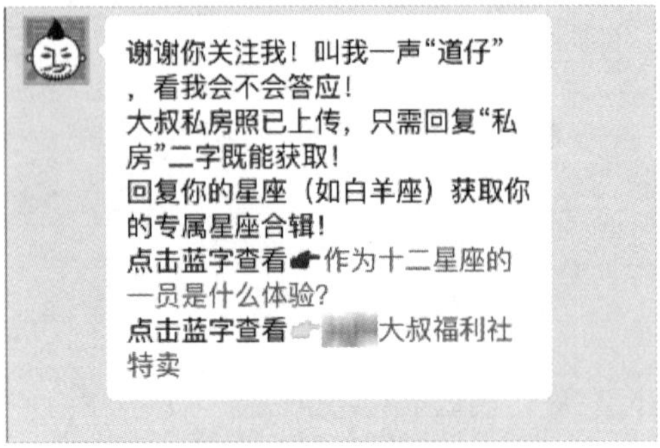

图 2-14　某漫画微信公众号的欢迎词

由图可见，欢迎词的自动回复主要是引起关注人的好奇心。例如，"叫我一声'道仔'，看我会不会答应"。而当关注人回复之后，就会以一种幽默的方式收到漫画的链接。其实，私房照更是满足了粉丝的好奇心理，回复"私房"两个字，可以收到照片。另外，该漫画内容主要是星座娱乐，所以回复星座就可以查看自己的星座合辑。

要点提示

需要注意的是，让关注人回复的数字或者内容，一定要得到相应的内容。写欢迎词时也要注重用户体验，语言亲切温和。

公众号的推送内容制作

公众号推送内容的制作离不开两个方面，一个是推送内容编辑；另一个则是推送内容排版。好的推送内容让人印象深刻，甚至是养成固定查看的习惯。下面就分别从这两个方面入手，介绍公众号的推送内容制作。

在如今生活中，每个人手机里关注几十个微信公众号是比较正常的情况，但是如果你希望大家都有大量的时间来查看这些消息，可能性并不大。大多数的人利用等公交车、等人以及无聊等闲暇时间来查看微信。那么，企业应该根据用户的阅读时间与习惯制订相应的内容，才能更好地吸引用户。相比长篇大论的讲述，简短有趣更容易引起关注，例如短小精练的故事、热点实事分析、新奇有趣的见闻。有趣的内容可以从以下几个方面入手。

- **功能性**：现在大家都有一个习惯，遇到不知道的问题首先会百度，但是百度的结果往往有很多且杂乱。可能同一个问题需要查询很多解答之后才能够确认正确的答案。如果这时候，微信公众号扮演一个百度的角色，结合企业产品特点，将专业性的知识进行整理分析，作为有用的生活信息推送给用户，这样的消息必然会受大家喜欢且愿意收藏。

- **创新性**：前面说到每个人手机里都会关注几十个订阅号，一般大家都不会花费大量时间一一进行查看。这样的情况下，创新的推送文章往往会比较受到关注。所以，在推送内容的制作上尽量规避乏善可陈的文章，选择大胆、独特、有新意的内容，以较快的速度推送出去，效果往往事半功倍。

- **引起共鸣**：真正好的推送能够引起阅读者的情感共鸣，也就是情感营销，例如感动以及愤怒等情感。生活中有的消息传播较快，究其根本在于让用户感受到了比较强烈的情感共鸣。例如，骗子行骗让人觉得愤怒，这类人也如"过街老鼠"一般，此时防受骗上当的文章推送就比较受大家的欢迎，分享也就自然变多了。

- **故事性**：大家都喜欢看故事，一个好的故事情节也容易吸引人。所以将故事结合企业产品进行推销就比较重要了。故事本身的传递性要高于普通的文章推广，也让人印象深刻。

除了上述几种比较吸引人的内容制作外，当然还有其他一些方法需要留心观察。对于内容上的制作，能够给人留下好印象、让人愿意分享的文章就是好的文章。

内容制作还有一个比较重要的因素就是排版，一篇好的内容加上一个令人赏心悦目的排版，能够为微信公众号的推送增色不少。但是微信公众号的内容编辑框比较简单，编辑功能也比较少。如果编辑人员懂得一些编程知识可以在其他地方进行排版，编辑完成之后直接复制过来就行了。但是大部分编辑人员没有代码编程的经验，那么此时就可以借助一些编辑软件。

排版编辑类的工具比较多，只要学会使用这些工具，排版就会变得比较轻松。通常这类软件有一个共性，就是操作简单、上手容易、编辑功能多，例如秀米微信编辑助手、微信在线编辑器以及小易微信编辑等。

如何进行微信公众号的营销

既然微信公众号的建立初衷是为了营销，那么如何将企业的微信公众号推广出去，得到大家的关注是重要的问题之一。推广的方式比较多，下面通过具体的营销实例来进行介绍分析。

1号店"积分红包"：活动模式营销

活动模式是比较常见的营销方式，除了在传统的营销中时常被用到，在微信公众号营销中运用也比较频繁。活动模式的推广，通常是企业或商家举办一个好的活动，关注用户参与其中可以得到一定的优惠。活动推广是大家比较喜欢的一种推广方式，除了商家能够从中获利之外，用户也能够从中得到优惠，互惠双赢的营销方式是比较好的一种营销。

第 2 章 玩好公众号做营销

故事借鉴

1号店在2016年6月举办了一个"积分红包"的微信营销活动,通过微信公众号关注企业,就可以查询到积分红包的活动详情。活动准备了5种现金红包,分别是100元、50元、20元、10元和5元,使用积分兑换红包,通过微信分享功能发给用户的朋友就能够参与,如图2-15所示。

图2-15 1号店积分红包活动

1号店积分红包活动是通过活动的方式给予用户红包优惠,然后通过朋友的分享将企业微信公众号分享出去。这样的营销方式比较直接,通常营销效果也比较明显。

南方航空:服务式营销

对于很多微信公众号而言,其作用仍然停留在宣传上,用户关注该企业的微信公众号可以接收企业推送的产品消息或者产品链接,根据链接购买该产品,微信公众号的作用类似于一个附带销售功能的电子宣传单。但是有这么一类微信公众号,类似于一个手机APP。通过微信公众号就能够在手机移动端口完成 PC 端口的操作，具有强大的实用性。这一类的微信公众号比较受用户的欢迎，能够确切地帮到用户，所以这类微信公众号也容易被分享。

故事借鉴

中国南方航空开通官方微信公众号，用户关注该公众号后就能通过其完成机票预订、预订管理、办理登机牌、航班动态、里程兑换、里程管理以及票价申诉等操作。这些操作以往只能在 PC 端通过官网完成，但是如今在中国南方航空的微信官网上就可以实现，如图 2-16 所示。

图 2-16　中国南方航空微信公众号功能

这样的微信公众号大大提高了实用性。其实这样的微信公众号比较多，例如，邮政快递微信公众号，可以直接通过微信公众号完成寄件、查询快递以及收件等功能。正是由于这类微信公众号实用性强，并且与人们的生活息息相关，所以被粉丝关注后，取消关注的可能性较小。

韩束护肤品：明星推广

现在除了品牌效应之外，比较火热的就是明星效应了。很多企业将明星效应运用到了微信公众号营销中。明星一般拥有比较庞大的粉丝群体，通过粉丝群体的关注以及宣传，效果不言而喻。

但是这种类型的营销往往需要比较大的营销成本，对大型的品牌企业比较适合。一般这种类型的企业会请明星做代言，企业开通微信公众号后通过明星的知名度宣传微信公众号并达到营销目的。

故事借鉴

韩束作为一个比较大的化妆品品牌，本身便有一定的名气，品牌代言人也是关注度较高的明星。2016 年 6 月韩束做了一个"致匠心"的活动，活动中代言人首次献声微记录，而在微信公众号留言区发表评论的用户很有可能获得明星代言人的礼物。

活动出来之后，明星的粉丝反响热烈。由于明星和产品自身的名气，加上宣传活动转发、分享量较大，营销效果明显，如图 2-17 所示。

图 2-17　韩束致匠心活动

通过明星效应的推广效果明显，但是知名越高的明星，代言成本也就越高。企业在选择这样的营销方式时，更需要慎重进行，核算其价值。除此之外，企业的产品与明星的形象也需要相符合。

唯品会：品牌理念微信营销

企业做微信营销时，需要明确微信营销是企业营销的一个途径，并且与企业息息相关，它既代表企业的形象，也是企业的一部分。所以在微信公众号的推广营销中，时时加入企业的理念是比较好的一种营销方式。这样往往会让用户产生一个惯性思维，例如提到不走寻常路，脑海中马上反应出美特斯邦威这个品牌。一个好的理念可以通过微信公众号营销来放大效果，从而达到营销的目的，所以企业可以尽量在自己的微信公众号中加入企业理念。

故事借鉴

对于经常网购的人来说，"唯品会"并不陌生，提到这个企业脑海中会马上反应出"一个做特卖的网站"。这个企业主要是通过实惠的价格来吸引顾客，在微信公众号的营销上，他们也充分地展示了企业这一理念。

喜爱便宜是大多数人的特性，那么有这样一个特性的微信公众号自然受到众人的青睐。微信用户从关注该微信公众号开始，就能感受到该企业"实惠、折扣"这一特性。通常关注该企业的新用户能够享受新粉丝福利红包，参与特卖会。

在这个微信公众号的菜单中也可以感受到实惠，例如满减福利、大促开抢、18元起抱团购以及199减100等，如图2-18所示。这样的微信公众号比较容易被粉丝分享给自己的朋友，从而达到营销的效果。

图 2-18　唯品会微信公众号

艺龙旅行网：互动式营销

好的营销，并不是企业一直在单方面介绍商品的优势以及产品的特点等，更多的是能够与消费者之间进行有来有往的互动式营销，这样的营销更能够使消费者感到愉快。

在微信公众号的营销中也是如此，互动式营销除了企业单方面地推送企业信息之外，能够增加与微信用户之间的互动，使彼此之间的联系更紧密，黏度更高。

故事借鉴

艺龙旅行网是一个在线上提供旅行服务的网站，该企业的微信公众号连接了企业开发的APP，用户可以直接通过微信公众号完成订酒店、订火车票、订机票以及订单查询等操作。

除此之外，艺龙旅行网微信公众号中有一个比较特殊的栏目是"每日答题抽奖"，微信用户可以参与每日答题活动得到"许愿豆"，积累一定数量的许愿豆之后可以参与抽奖活动。活动礼物丰富，有运动手环、酒店入住一晚以及电子书阅读器等，如图2-19所示。活动一经发起，每日参与互动的用户人数高达几十万，微信用户的订阅量也同步增加。

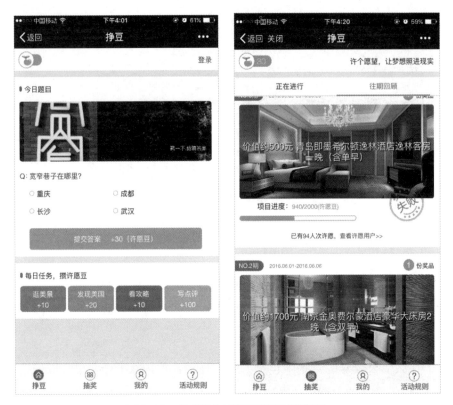

图 2-19　艺龙旅行网每日答题抽奖活动

　　游戏是一种比较好的互动方式,能够让微信用户觉得比较有趣,同时配以奖品激励,可以鼓励用户多多参与。这样一来便大大提高了微信用户对该企业微信公众号的关注度,也提高了彼此之间的黏合度。

第 3 章
玩转服务号和订阅号

> 服务号与订阅号是微信公众号的两个不同类型，它们在各自的营销中有不同的侧重点，前者注重服务，后者注重宣传。在合理的运用下，它们都能够发挥最大的营销功能。

服务号和订阅号怎么用

微信公众号建立的时候,选择类型中涉及订阅号、服务号以及企业号。当然企业号是针对企业内部管理和员工之间使用的,不在考虑范围之内。那么,企业面对订阅号和服务号应该如何进行选择呢?

你需要知道的订阅号

订阅号其实是为媒体和个人提供一种新的媒体传播方式,从而增加与微信用户之间的互动。订阅号是目前大多数企业会选择的一种类型,它每天能够对微信用户推送一条信息,比较适合企业进行宣传营销。它的后台功能也比较齐全,如图3-1所示。

图3-1 订阅号后台功能部分展示

总的来说,订阅号的后台功能主要分为功能、管理、推广、统计、设置以及开发6个版块。其中，功能是最基础的一个板块，也是每次推送消息都需要用到的一个板块。功能中包含群发功能、自动回复、自定义菜单以及投票管理。应主要注意群发功能，每天可以向粉丝群发一条消息，非订阅用户除外。

投票管理是一个非常新颖的功能，可以在微信订阅号自定义菜单中添加投票管理选项，投票管理主要有以下2个作用。

- **微信活动**：微信订阅号做活动可以通过投票功能，让微信用户进行投票，参与其中增加互动性。
- **获得客户信息**：发起微信投票可以让用户填写相关资料，企业收集客户资料便于企业对客户进行细致划分并做营销。

除了功能板块之外，统计是运用较多的一个功能。统计中主要有用户分析、图文分析、菜单分析、消息分析、接口分析以及网页分析。主要是通过各种数据的分析帮助企业了解文章推送的效果以及用户对于推送消息的反应，例如图文阅读率、原文阅读率以及转发率等数据。

针对统计这一功能，微信在原来图文分析的基础上增加了视频数据分析功能。企业在群发消息中插入视频，第2天就能够通过后台的操作来对视频的访问情况做分析，根据对已经群发图文中视频的数据分析，企业能够更好地运营和创作视频。

所以，即使你的公众号并不嵌入视频，也不做原创的视频内容，但是作为微信公众号的运营者，有必要熟悉平台上各项功能的使用。

在微信公共平台上，进入"图文分析/单篇图文"页面，在数据概况处就能够查看视频数据的情况。可以根据视频标题选择单篇图文内插入的视频，查看视频播放次数的趋势，如图3-2所示。

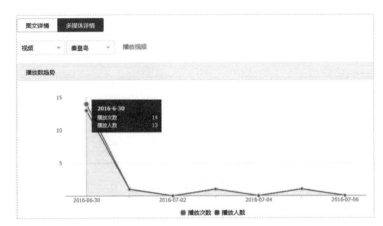

图 3-2　视频播放趋势图

从图中可以看到，2016 年 6 月 30 日推送了一条视频，当日的播放次数为 14 次，播放人数为 13 人。视频到 7 月 1 日播放数据呈现骤跌的情况，到 7 月 2 日播放人数和次数均为 0，视频在后续的播放中虽然有所波动，但是数据一直呈现较低的情况。视频播放的趋势图为企业呈现了视频具体的播放情况。

在视频数据分析中，另一个数据为"播放时长"，播放时长数据可以直接查询到微信用户普遍播放视频的情况，如图 3-3 所示，纵坐标为播放次数，横坐标为播放时长。

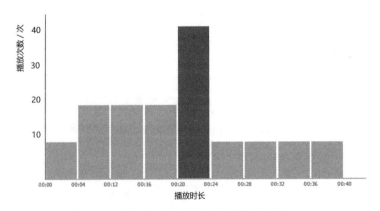

图 3-3　视频播放时长数据分析

从图中可以看到，大部分的人是在视频时长为 0 分 20 秒～0 分 24 秒时关闭了视频，说明大部分的人并没有看完视频，也就说明该视频微信用户普遍不感兴趣，视频本身缺乏吸引力。

在这个数据的基础上还增加了视频拖拽分布数据和视频拖拽终点分布数据。一般大家看到不感兴趣的视频都会选择快进，对视频进行拖拽，所以根据这个 3 个数据可以看到微信用户对视频的满意度，以及具体是对视频的哪个部分不感兴趣。那么，在之后的视频制作中需要尽量规避。

除此之外，还有一个"观看时间"分布数据，也是很重要的数据之一，这个数据可以查看到大部分的微信用户是哪个时间段查看视频，哪个时间段相对来说要闲暇一些，如图 3-4 所示，纵坐标为观看次数，横坐标为观看时间。

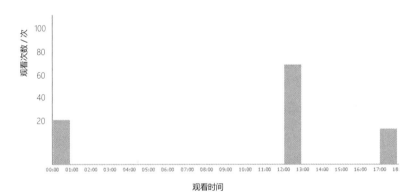

图 3-4　观看时间分布

根据图片可以看到，凌晨、中午以及下午 5 点以后，大家的时间普遍空闲，观看视频的人数较多。所以，视频制作者可以将微信用户观看视频的时间点利用起来，在空闲的时间推送视频，能够得到比较好的营销效果。

除了功能和统计之外，管理板块中主要是消息管理、用户管理以及素材管理。一般而言，文字消息可以保存 5 天，其他类型消息可以保存 3 天。用户管理主要针对不同类型的用户进行标记，划分类型，在营销宣传的过程中可以根据不同类型的用户有侧重地推送。而对骚扰型用户，也可以设置黑名单。素材管理主要是图片、语音以及视频的收藏。

对于企业而言，熟悉使用微信公众平台上的各个功能是非常重要的。"工欲善其事，必先利其器"，所以企业在利用微信营销之前，可以先对微信的各种功能做一定的钻研。

高级接口的服务号功能展示

服务号，顾名思义就是提供服务的微信公众号，主要用于向粉丝提供各类服务。相比订阅号而言，服务号的功能更加齐全。

微信服务号更像是微信订阅号的升级，它的功能更加齐全。其中最主要的是服务号中的高级接口，增加了开发者问答系统，并且对微信公众平台的后台管理界面进行了改版。当然，最受企业关注的还是新增加的高级接口，如图3-5所示。

权限	描述
语音识别	通过语音识别接口，用户发送的语音，将会同时给出语音识别出的文本内容
客服接口	通过客服接口，公众号可以在用户发送过消息的12小时内，向用户回复消息
OAuth2.0网页授权	通过网页授权接口，公众号可以请求用户授权
生成带参数二维码	通过该接口，公众号可以获得一系列携带不同参数的二维码，在用户扫描关注公众号后公众号可以根据参数分析各二维码的效果
获取用户地理位置	通过该接口，公众号能够获得用户进入公众号会话时的地理位置（需要用户同意）
获取用户基本信息	通过该接口，公众号可以根据加密后的用户OpenID，获取用户的基础信息，包括头像、名称、性别、地区
获取关注者列表	通过该接口，公众号可以获取所有关注者的OpenID
用户分组接口	通过分组接口，公众号可以在后台为用户移动分组，或创建、修改分组
上传下载多媒体文件	通过该接口，公众号可以在需要时在微信服务器上传下载多媒体文件

图3-5　微信服务号高级接口

语音识别指通过语音识别接口,根据用户发送的语音信息识别出相应文本内容信息。现在很多企业都将语音识别运用到实际的沟通中,帮助微信用户解决一系列问题,下面以一个具体的实例来介绍。

[故事借鉴]

未来电视有限公司连接语音接口,微信用户关注"中国互联网电视"微信公众号,直接通过语音"告诉"微信想要看的电视节目,微信就能够通过语音识别出目标节目,用户直接点击就可以播放节目,如图3-6所示。

图3-6 中国互联网电视语音查询

语音识别快速有效地解决了用户的需求,也解决了目前电视遥控器难以输入文字的弱点。除了电视之外,海尔企业开通的微信服务号中也加入了语音接口,通过语音识别微信就会自动向空调发出指令来进行相应的调节。

客服接口对于服务号而言是最重要的功能之一，通过客服接口，公众号可以在用户发送消息的12个小时内向客户回复消息。以往粉丝与公众号之间只能够进行一条一条的对话，现在如果粉丝与公众号对话过一次，公众号就可以在12个小时内持续给用户发送消息。这样在很大程度上提高了微信服务号发送消息的能力。

故事借鉴

在中国工商银行开通的微信公众号中，微信用户在关注"中国工商银行电子银行"的微信公众号之后，能够直接通过微信公众号进行信息查询、账户服务以及信用卡等服务。其中，比较突出的是查询功能，企业接入了客服接口，用户直接根据页面提示进行回复。例如，输入账号、卡号等，就能得到回复，图3-7所示为单击查询余额的回复。

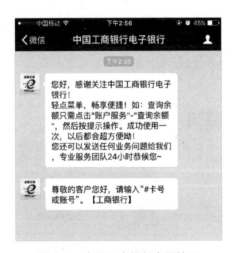

图3-7 中国工商银行客服接口

很多人都有在银行排队等待的经验，耗费大量的时间来排队，而关注该微信服务号就如同是为自己配置了一个24小时待命的机器人客服，省去了大量的时间。

获取用户地理位置接口对于很多企业而言，是非常实用的一个功能，通过该接口微信服务号就能够获得用户进行微信服务号会话时的地理位置。但是只有在两种情况下能够得到用户的地理位置：一个是当用户与服务号进行对话时；另一个是当微信用户进入服务号页面后，每隔5秒会有提示，在用户允许的情况下可以得到用户地址位置。

[故事借鉴]

7天酒店企业根据其行业性质接入了地理位置功能，并且取得了一定的成效，能够为关注微信服务号的用户解决实际问题，还能起到营销的目的。当微信用户关注"7天酒店家族"微信服务号之后，用户选择附近酒店时就能够得到所在位置附近的酒店信息和优惠信息，如图3-8所示。

图3-8　7天酒店通过地理位置推送附近酒店信息

其实地理位置接口在服务号中应用得比较频繁，例如电影院、饭店等，一般是连锁型企业,公众号在得到用户的地理位置之后,能够推送就近分店的情况。

获取用户基本信息接口,通过该接口,服务号可以根据加密后的用户OpenID得到用户的基本信息,其中包括头像、名称、性别以及地区等。企业根据用户的基本信息可以推送该用户更加喜欢的信息,从而达到更好的推送效果。

故事借鉴

大众点评网不仅为用户提供商户信息、消费点评及消费优惠等信息服务,同时也提供团购、餐厅预定以及外卖等服务。在大众点评的微信服务号中,微信用户关注该账号,企业通过客户基本信息接口得到用户基本信息,然后根据用户的所在地区预测用户的口味,推送相关的菜品信息,例如川菜、粤菜、湘菜等。除此之外,大众点评也能根据得到的地理位置和关键词推送附近美食,如图3-9所示。

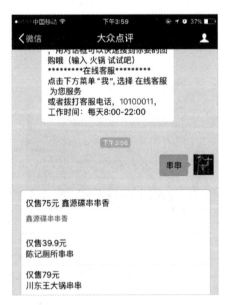

图3-9 大众点评附近美食推荐

除了大众点评这样的美食推荐之外，很多电商企业也纷纷通过微信用户的基本信息以及平常经常浏览的页面来预测该用户喜欢的产品类型，从而推送适合的产品信息，引起用户的注意。

另外，在服务号中还有网页授权接口、生成参数二维码接口、获取关注者列表接口、用户分组接口以及上传下载多媒体文件接口。这些功能都能够在不同程度上帮助企业更好地完成推送消息，以及对微信用户进行管理。

订阅号和服务号差别在哪儿

很多企业在创建微信公众号的初期都比较茫然，不知道自己的企业适合订阅号还是服务号。虽然两种微信公众号都能够用于微信营销，起到推广宣传的作用，但是具体怎样选择仍然难以取舍。

首先，将订阅号和服务号二者的功能做一个简单的对比。订阅号主要偏向于为用户传达企业资讯，每天可以发送一条消息；而服务号相比推广资讯更加偏向于服务，所以它的推送消息较少，每个月可以群发 4 条消息。简单地说，如果将订阅号看作每日更新的报纸，那么，服务号就相当于号码百事通 114 热线，提供服务查询。下面将二者的功能做一个统计，如表 3-1 所列。

表 3-1 服务号与订阅号的功能权限

功能权限	未认证订阅号	认证订阅号	未认证服务号	认证服务号
消息显示在好友列表	否	否	是	是
消息显示在"订阅号"文件夹中	是	是	否	否
每天群发 1 条消息	是	是	否	否
每个月群发 4 条消息	否	否	是	是
基本的消息接受/回复接口	是	是	是	是

续表

功能权限	未认证订阅号	认证订阅号	未认证服务号	认证服务号
聊天界面底部，自定义菜单	是	是	是	是
高级接口	否	否	否	是
可申请开通微信支付	否	否	否	是

要点提示

"认证"指在企业信息账号主体后黄色的认证图标，微信认证确保了公众号信息的真实性、安全性。目前主要提供给微信公众号进行微信认证的服务，微信认证后能够获得更加丰富的高级接口，同时向用户提供个性化的服务。图 3-10 为美丽说微信服务号信息。

图 3-10　美丽说微信服务号信息

根据表 3-1 可知，订阅号与服务号的消息显示的位置是不同的。订阅号推送的消息会统一显示在订阅号文件夹中，而服务号的消息会类似于短信消息在好友消息列表中显示。这样一来，服务号的消息查看率明显大于订阅号。但是服务号每个月只能发送4条消息，相比订阅号而言，推广宣传率大大降低。两者都有基本的信息接收与回复接口，以及都能够对界面底部的菜单进行自定义，不过服务号多了高级接口的功能。认证后的微信服务号增加了微信支付功能。

要点提示

由于服务号常用于商城、餐饮等行业，所以通常情况下会需要支付功能，微信支付功能也就应运而生了。微信支付是公众平台向有出售物品需求的公众号提供推广销售、支付收款和经营分析的整套解决方案。

（1）商户通过自定义菜单、关键字回复等方式，向订阅用户推送商品消息，用户可在微信公众号中完成选购支付的流程。

（2）商户也可以把商品网页生成二维码，张贴在线下的场景，如车站和广告海报。用户扫描后可打开商品详情，在微信中直接购买。

既然知道了两者之间的区别，那么企业应该怎么来选择呢？首先企业应该了解企业的性质与侧重点，从而进行选择，可以根据以下4点来考虑。

- 如果想简单地发送消息，达到宣传效果，建议可选择订阅号。
- 如果想进行商品销售，建议可申请服务号。
- 如果想用来管理内部企业员工、团队，对内使用，可申请企业号。
- 订阅号无法升级为服务号。若需要服务号，需注册服务号使用。

综上所述，不管是服务号还是订阅号，都是为了企业能够更好地进行微信营销，所以在选择时需要更多地考虑企业的情况，合理选择企业微信公众号。

订阅号的营销推广法

订阅号虽然能够每天群发一条消息帮助企业进行推广和宣传,但是如果不能够很好地掌握具体的营销方式,仍然会使粉丝迅速取消关注或者降低对该企业的关注度,所以如何用订阅号进行营销是关键。

提高微信订阅号的打开率

订阅号有别于服务号最大的地方就是消息显示位置,处于订阅号文件夹中的订阅号消息很容易就被微信用户草草翻阅,又或者是收到了太多的订阅号信息来不及查看,直接忽视掉。不管是哪种情况,对企业而言都是难以接受的。所以提高微信订阅号的打开率,是企业首先需要做到的。

企业在运营微信公众号时,所有的数据分析最后都会归结到一个最终的数字指标:图文转化率。

图文转化率=图文阅读数/送达人数

在这个公式中企业或商家需要注意几个比较重要的因素,如下所示。

- 送达人数指的是你将该条微信推送给了多少人,简单点说就是你现阶段有多少粉丝。
- 图文阅读人数是指一共有多少人读了这条微信,包含非粉丝群体。
- 图文数据分析只能显示该条微信发布后7天内的数据,7天后消息将无法看到。

下面来具体查看订阅号发送一条消息的图文分析,如图3-11所示。

图 3-11　某订阅号发送的消息图文分析

根据图片可以看出，"26 岁女孩网上卖'垃圾'，3 年大赚 160 万"这篇文章在 7 天的时间内送达人数为 7416，图文转化率为 103.45%，有 194 人对该文章进行了分享转发，次数一共是 241。由此看来，在粉丝达到 7400 多人的情况下，只有 241 次分享转发，图文转化率较低。究其原因，除了粉丝群可能没有针对性，部分粉丝不是真的粉丝之外，推送的文章内容没有吸引力是主要原因。原文页阅读人数为 0，说明没有粉丝想要深入了解该文章的信息。

想要推送的文章图文转化率高，文章的分享转发次数是重点，而文章被分享转发的关键在于粉丝对于文章的接受程度。当粉丝喜欢该文章，并认可其中的内容，必然会将文章分享给自己的朋友。因此，需要根据粉丝的阅读习惯以及阅读爱好来提高订阅号的文章推送内容。

既然订阅号消息显示是在订阅号文件夹中，那么怎么才能够在众多的订阅号消息中做到脱颖而出呢？首先需要对订阅号的消息展示页面有所了解，如图 3-12 所示。

图 3-12　订阅号文件夹消息展示

如图 3-12，订阅号的消息是根据发送的时间顺序进行排列的，在文件夹页面可以看到微信订阅号的头像、名称以及推送的头条消息标题。因此，企业在推送消息时就需要更多地结合消息的页面来进行展示。

消息的发送时间决定了订阅号的顺序位置，所以选择一个好的时间段来推送消息就显得尤为重要。需要选择一个微信用户普遍闲暇的时间段，另外需要结合自己的行业性质。例如，饮食行业可以选择临近餐点时间，新闻媒体行业可以选择早上的时间点，大多数人都会有早上查看新闻的习惯。通过统计，一天主要有以下几个时间段比较适合推送信息。

- 早上时间：7:30~8:30，这个阶段主要是上班族，他们在上班途中比较无聊，时间比较空闲。
- 午休时间：12:00~1:00，这个时间段的人，大多数正在吃午饭或已经吃完午饭，吃完饭距离上班还有一段时间。
- 下班时间：17:00~19:00，这个时间段的订阅号消息推送较多，主要是这个时间段的人忙完了一天的工作,脑海中比较空白,容易接受新事物。
- 晚上时间:20:00～22:00,这个时间段的人在准备休息之前,常常都有睡前玩手机的习惯。

在大多数人比较空闲的时间段发送消息,消息排列顺序比较靠前,容易被翻阅,也提高了文章的阅读率。然后是订阅号的头像,这是比较重要的一部分。头像往往代表了一个企业的形象,所以订阅号的头像通常会是企业的LOGO,对官方的订阅号而言,头像的清晰以及高辨识度是必需的,同时还要展示企业的文化。

接下来头条消息名称,头条名如果太长通常显示不完整,会以省略号代替。所以在标题的部分要注意字数,如果标题确实太长无法精简,那么标题需要有内容性、趣味性,能够吸引读者。如图3-13所示为中国国家地理微信订阅号的推送消息。

图3-13　中国国家地理微信订阅号的推送消息

"仰首可观的天空之城"标题字数精练,显示完整,同时语句优美,具有吸引力。读者通过对标题的阅读,能够大概对其内容方向有简单了解。

文章内容要简明

很多企业在运营订阅号的过程中有一个错误的观念,那就是他们推送的内容越多,就意味着内容越丰富,而读者也就越喜欢。所以,这类微信订阅号每次推送 5～8 篇内容,如图 3-14 所示。

图 3-14 某服装电商的微信推送

可以看到某服装电商的微信推送消息达到了 7 篇,那么阅读完所有的信息,最少也需要 1 小时左右的时间。很多的读者没有那么多的时间,很容易在一开始就选择放弃。所以,在文章的推送上需要尽量精简,否则再多的推送对不阅读的读者而言也只是占内存而已。在该推送中虽然推送的文章篇数较多,但是内容上大同小异,没有新鲜感。所以,对读者而言重要的不是推送的内容篇数,更重要的是内容,如果由于篇数过多让读者有厌烦感,取消关注,反而得不偿失。

一般推送的消息在3~4篇比较适宜,在篇数上不容易让读者感受到负担,同时读者阅读花费的时间也减少,更加能够起到营销的效果。另外,3~4篇文章的排列整体看来也比较短小精练,篇数较多时常常占满整个手机屏幕,更有甚者,整个手机屏幕也显示不完整,不免让人觉得压抑。同时,推送的信息过多,就会让整个推送没有了重点。

在推送的内容中,也要尽量避免太多小广告,例如,先是在图片当中做广告,硬把公司的LOGO给加进去,在人物的头上再放一个,往往让人哭笑不得。接下来还要再加上一张求关注的图片,在文章的结尾再放上一个大大的公众号二维码与一张求分享到朋友圈的广告,这样的微信订阅号被读者取消关注是很常见的。

微信营销本身就是利用微信用户比较短的空闲时间做的一种推销手段,所以需要在精简内容的基础上让其更具吸引力,而不是推送各种各样的广告。下面以一个具体的推送案例来分析。

关注中国国家地理微信订阅号,常常会给微信用户一种舒心、畅快、受益良多的感觉。每次的推送内容不多,少则一条多则两条,比起推广营销,更像是知识的普及。如图3-15所示为2016年8月28日的订阅号推送首页。

图3-15 订阅号推送首页

可以看到与其他订阅号不同的是,由于其只推送了一条消息,所以除了显示文章题目之外，还显示了部分的文章内容。相较而言，更显简单明了。图 3-16 所示为推送文章内容。

图 3-16 推送文章内容

在推送的内容中配有应景的音乐，让人整体放松，在文章的阅读中配有瀑布的图片以及文字介绍，给人以身临其境的感觉。在都市生活的人们往往没有太多空闲时间去游览这些山水，从而加深了对这些推送内容的喜爱。

互动才是营销的关键

做微信营销经常会遇到的一件事就是"掉粉"，粉丝是营销的基础，面对掉粉要做到尽可能地满足粉丝的需求，所以要做到尽量多和粉丝沟通，了解粉丝。

如今，微信公众号数量已经超过 800 万，说明粉丝的选择空间越来越大，当粉丝在同类型的微信公众号之间发现比较优质的公众号，那么取消关注稍微劣质的公众号就成为必然。为了避免"掉粉"，就需要给自己企业的订阅号添加一定的人情味——互动。

很多时候微信用户都会有这样的一个体验,常常在微信订阅号中提问,但是通常没有回复,或者是自动回复一些关联性较差的答案,实际上并没有真正的解决粉丝的疑惑,久而久之这样的订阅号很容易被粉丝放弃。

与粉丝互动的第一步,解决粉丝燃眉之急,开通"客服功能",在微信公众平台,功能板块中添加"客服功能"插件,如图3-17所示。

图3-17 添加客服功能插件

添加之后,订阅号能够通过客服功能,在线回复粉丝询问,并且客服功能可以支持多人同时为一个公众号提供客服服务。通过及时有效的客服回复,能够第一时间知道粉丝所想,然后为其解答疑惑。在一问一答的过程中,建立粉丝对企业的信任感,这也是营销的重点。

除了增加客服功能之外,粉丝留言区也是一个与粉丝互动交流,增进感情的好平台。很多时候粉丝在留言区留言并没有抱着一定会获得回复的心情,更多的是表达看完推送消息之后当下的感受,但是如果能够得到回复则算是一种意外,能够给人感动,代表订阅号的运营者比较关注粉丝。图3-18所示为某冷笑话订阅号与粉丝在留言区的互动。

图 3-18　某冷笑话订阅号与粉丝在留言区的互动

该订阅号向粉丝推送了一条萌宠搞笑视频之后，众多粉丝纷纷在留言区留言。除了粉丝留言逗趣之外，微信运营者的回复仍然有冷笑话的特点。

服务号的客服营销

服务号与订阅号最大的区别在于注重服务，能够给关注该微信公众号的粉丝提供各种各样便捷的服务，从而起到营销的目的。

保证更优质的文章推送

由于服务号与订阅号不同，一个月只能够推送 4 条消息。因此，相比订阅号来说需要更加注重推送信息的质量。微信运营者需要制作出内容精美、具有个性、新颖且有吸引力的文章。

虽然企业户建立微信服务号的初衷是为了营销，但是如果每次推送的内容就仅仅只是为了推销广告，反而会引起微信用户的反感。由于每个月只能推送 4 条消息，很多商城的服务号每次推送的消息，文章篇数虽然看上去较多，但是每篇文章的题目都是促销、优惠或者是折扣，除此之外，没有丝毫的内容性及趣味性，如图 3-19 为某商城服务号推送信息。

图 3-19　某商城服务号推送信息

整个推送都给用户以直接销售的感觉，而直接销售与广告没有什么区别，微信用户为什么要去关注产品广告呢？

推送内容质量高的文章，虽然目的仍然是营销，但是这类文章通常会通过一些短小精美的故事增加一些趣味性，让微信用户不会产生太过强烈的排斥感，比较容易接受，如图 3-20 所示为某旅游网的服务号推送信息。

图 3-20　某旅游网的服务号推送信息

通过图片能够明显看到每篇文章都是不同的类型,字面上看来营销的目的并不明显,反而通过疑问句以及小故事等方法激起微信用户的好奇心,更愿意点击查看。

这样的营销效果相比直接销售的类型更容易让人接受,因为微信用户关注微信公众号并不是因为真的缺少生活必备品需要购买,而是对企业感兴趣,在关注的过程中,通过推送的消息对其有更加深入的了解,从而有想要购买的产品。

服务号的服务营销

与订阅号专注于推广不同,服务号的重心是服务,所以客户体验就显得尤为重要。客户体验是客户对于企业服务或产品的主观感受,是客户在使用服务或产品的过程中建立起来的。微信服务的优势在于能够与客户一对一的互动和提供在线客服。因为往往粉丝的问题是多种多样的，很多时候通过关键词自动回复的内容并不能够给粉丝比较好的服务。另外，有别于订阅号的是，服务号的客服接口是一直都能够接入的，而订阅号的客服功能在最新升级的微信系统中才能使用。所以，目前大多数的微信订阅号没有接入客服接口。

服务号相比订阅号而言更需要活用客服接口，因为服务的特性，企业更需要知道粉丝心理，从而提供相应的服务。

除了互动交流之外，企业应该结合服务号的高级接口，向粉丝提供贴心、人性化以及优质的服务。此举除了能够提高粉丝的好感度，更加能够达到营销的目的。

贴心的服务就是向粉丝展示自己独特的功能。一级菜单是最重要的位置，它能够向粉丝直接展示服务号的功能性，注意特色功能的展示需要放在比较突出的位置，才能够给粉丝直观的感受，同时这些功能需要展示出企业的特色以及发展等。下面以一个具体的实例来说明。

故事借鉴

四川大学华西医院是一所比较权威的医院，医生和医疗技术有很好的口碑。因此医院里比较拥挤，排队、预约以及门诊等常常需要花费较多的时间。然而微信公众号的出现给医院以及病患都带来了便利，医院开通了微信服务号后，病人通过微信服务号就可以在手机上完成预约挂号、排队查询等操作。

医院微信服务号的一级菜单包括诊疗服务、我的档案和医院信息。在诊疗服务当中，病人可以直接预约和查询排队，另外还有满意度调查等信息。在我的档案中，病人可以直接查询到自己的就诊卡和预约结果，如图3-21所示。

图 3-21　华西医院微信服务号的服务功能

可见服务号在展示企业特色的同时,能够切实地为微信用户提供便利,这样的服务号才是大家喜闻乐见的,也是容易被分享转发的。企业在运营自己的服务号时,需要从微信用户的角度出发,结合自己企业的服务或产品特色推出合适的功能。

第4章
懂得引流才能更好营销

引流是微信营销中比较重要的一步，做好引流显得尤为重要。引流的方法比较多，这里主要按引流的形式将其分为线上引流和线下引流。

线上引流多途径

引流是运营微信营销的企业比较关注的话题之一,也是微信营销的重中之重。再好的产品也需要让人知道,才能够做好销售。引流可以分为线上引流和线下引流,首先来介绍线上引流。

通过"软文"来引流

软文营销指通过在网络平台发布有价值的商业资讯,从而引起他人的关注。软文引流的关键在于内容的编辑,一般在800～1200字为佳。另外,软文需要一定的趣味性、娱乐性以及故事性,这样的软文往往更容易被转载,转载量的增加,就意味着引流量的增加。

软文引流往往是最有效,也是最快增加粉丝数量的一种方法。很多微信商家都会通过软文的方式来进行引流,他们在各大网站上发布一些故事、分享技巧以及生活常识等,来吸引网友观看转载,在文章的最后加入自己的微信公众号,让更多的人来添加。常见的软文发布有以下几种类型。

(1)问答软文发布

这类软文属于互动营销方式,通过与潜在客户产生互动,植入相应的企业广告,是做品牌口碑、互动营销不错的方式之一。问答软文发布遵守问答站点的发文或者回答规则,然后通过巧妙地运用绿色软文,将企业的产品口碑、服务口碑植入问答里,达到第三方传播引流的目的。

(2)论坛软文发布

如今,网友都喜欢在各大论坛和与自己志同道合的朋友分享交流,而软文出现在论坛更容易有针对性地吸引一些潜在客户群体。通过文字、图片及视频等绿色软文的形式发布企业的产品和服务信息，从而让目标客户关注该企业以及企业微信公众号，从而做到引流。

（3）新闻软文发布

新闻式的软文结合了新闻的风格，在大家熟知的新闻事件中融入企业的广告，多角度、多层面地诠释企业文化、品牌内涵、产品机理和利益承诺，传播行业资讯，引领消费时尚，指导购买决策。这种软文发布模式非常有利于引导市场消费，在较短时间内快速提升产品的知名度，塑造品牌的美誉度和公信力。

（4）博客软文发布

利用博客这种网络应用形式开展网络营销是一种有利的工具。企业或者个人利用博客这种网络交互性平台，发布并更新企业、个人的相关概况及信息软文，密切关注并及时回复平台上客户对于企业或个人的相关疑问以及咨询，通过较强的博客软文发布平台帮助企业零成本获得搜索引擎较前的排位，以达到宣传目的。

博客权重很高，可以快速升级到15级以上，一般帖子发完当天就会被收录，可以带图文与链接，又能及时分享到微博，一体化营销是很好的引流方案。

通过软文的方法进行营销是时下比较流行的方法，软文的方式相对硬广来说减少了粉丝的排斥感，更容易达到效果。

微博巧引流

微博是一个很大的平台，注册用户量较多，所以潜在的客户量也很多。每个博主有几万、几十万甚至是几百万的粉丝都比较正常。频繁地更新微博内容，在内容下方添加自己企业的微信公众号或二维码，不管是不是粉丝，如果在浏览时感兴趣，想要进一步了解该企业，便会对公众号进行添加，从而起到引流的作用。而微博发布的内容也由于其图片、文字、视频以及音乐等多种表现形式增添了发布的新颖性。下面以一个具体的实例来说明。

故事借鉴

　　意外艺术网是一家通过互联网致力于传播大众艺术的网站，该网站有自己的官方微信公众号，也开通了自己的微博账号。意外艺术EYart更新的微博时常会以文字与简短视频相结合的方式来发布，在视频的结尾公布官方微信公众号进行引流，如图4-1所示。

图4-1　微博引流

　　微博粉丝通过微博只能查看博主的更新，了解一些艺术知识，但是通过关注微信公众号能够主动地选择看视频、查百科、约周末、读好文以及听音频等活动。

　　微博发布的内容也可以发送到相关行业的话题里面，因为都是对这个话题有兴趣的人，所以很容易吸引潜在客户。同时，另外申请一个带有微博认证黄V的微博号，这样用户就能通过一些软件采集到相关关键词进行关注，并关注自己成为自己的粉丝，关注时，系统也会自动发私信给粉丝，这样也能够起到宣传作用。

视频也可以引流

视频也可以单独进行引流，如今很多人相比在电视上被动观看节目，反而更喜欢通过各大视频网站主动观看视频，例如优酷、爱奇艺以及腾讯等知名度较高的网络播放平台。

所以很多企业纷纷将引流的目光投向了这类视频网站，通过制作一个有意思的原创视频，在视频的结尾处可以通过水印或者是几秒的图文来宣传自己的微信公众号，增加自己微信公众号粉丝。

故事借鉴

某笑工坊是一家专门制作搞笑视频的团体，该团体的节目在各大视频网站上播放，以原创有趣的视频来吸引观众点击观看，而且拥有较高的人气，每个小视频在各网站上的播放量都达到几十万，甚至是几百万。为了凝聚人气并成功引流，每次视频的最后都会添加上自己工作室的微信公众号，方便与粉丝进行交流互动，如图4-2所示。

图4-2 视频引流

视频引流是比较有效的一种引流方法，但是难度也较大。如今各大视频网站上的视频每天都在更新，各种类型都有，用户的选择比较广泛。所以在这样的情形下制作原创视频吸引用户眼光需要花费心思。

百度系平台引流怎么做

百度是一个比较知名的网站，很多人一直都有"不知道，找百度"的习惯，也足以说明百度对于人们的重要性。百度上有很多功能板块都能够用于微信引流，例如百度百科、百度贴吧以及百度知道等。

（1）百度百科引流

当用户在百度搜索中输入关键词后，页面会弹出很多相关联的词条，在这些词条中用户能够找到自己需要的答案。而对于微信营销的商家而言，一般需要3个阶段，分别是自媒体、自明星以及自品牌。如果能够让自己成为自媒体，自然就会有很多的粉丝主动添加微信公众号。此时，百度百科不仅能够帮助企业打造自己的"明星"形象吸引粉丝，而且具有权重高、成本低、可信度高以及转化率高的特点。

百度百科的撰写一般都是人物型百科，主要介绍人物简介、基本信息、个人经历、现状描述以及特点等。但是在撰写百度百科时需要注意，不要为了宣传而对自己或者企业进行不切实际的描述，这样的情况百度百科一般不会通过，即使通过了，用户看了也不会相信，同时会对该企业或个人留下不好的印象。

百度百科代表的是第三方权威性，所以在百度百科里禁止加入电话号码以及微信公众号等直接联系方式。但是可以将自己的信息放在个人简介、个人信息以及个人经历当中，例如某某团队创始人，某某公司负责人。那么，当用户在百度百科中搜索公司名字时，就会出现相关的人名了，如图4-3所示为百度百科人物简介中简单介绍微信公众号。

第 4 章 懂得引流才能更好营销

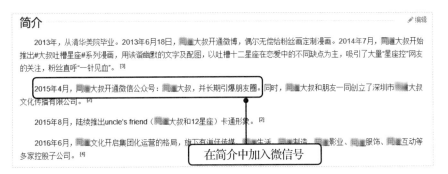

图 4-3 某百度百科词条

> **要点提示**
>
> 除了百度词条的内容填写之外,百度百科的最后一栏中是"参考资料",一般是与百度百科相关的新闻资料。在这些新闻资料中,没有对微信公众号的限制,所以可以直接添加相关信息。

(2)通过百度知道来引流

百度知道是一个参与率和互动性较强的知识社区,每天超过 1000 万用户访问知道,平均产生 7 万多个问题以及 20 多万条回答。所以将这些资源用于微信引流,常常会得到意想不到的效果。通过百度知道来进行引流主要分为两个部分,一个是提问,另一个是回答。

微信运营者可以围绕所推广的企业产品或服务展开话题,提出相关问题,并发布到问答平台上。但是设置的问题一定要是目标群体感兴趣的话题。

例如,如果你是护肤品企业,那么可以设置"混合性肤质该怎么护理"、"夏季护肤有哪些技巧"以及"换季护肤,用什么产品最温和无负担"等。

至于答案的制作,既可以根据自己之前发布的问题进行回答,也可以对别人提出的问题作答。在答案的制作上尽量做到详细、真实且有效,并且需要站在第三方的角度进行客观回答,不要植入广告,否则审核很难通过。

例如,回答"换季护肤,用什么产品最温和无负担",这里不能够直接答复"您可以使用××产品，效果较好"这类没有内容性的回答，一般审核不会通过，并且广告意味较明显，不会有人相信。这时候可以将各种肤质包括油性、干性、敏感性以及混合性做一个换季时的表现比较，然后根据各种肤质的情况推荐使用含有某某成分的护肤品，可以这样回答"敏感性的肤质在换季过程中比较脆弱，抵抗力较差，水分蒸发较快，所以在换季的过程中除了需要注意饮食多休息之外，尽量使用成分天然、无人工成分的产品比较妥当"。

但是不管你的答案设置得多么精彩，最重要的目的是引流到微信当中，让浏览网页的用户能够关注自己的微信号。所以，在回答问题后将自己的微信号巧妙地添加到其中，这是十分重要的。

腾讯 QQ 引流法

对于80后、90后以及00后的人而言，QQ已经成了重要的聊天工具之一，据统计QQ的注册用户量已经达到8亿。在如此庞大的数字下，潜藏着无限商机。而微信和QQ都是腾讯旗下的产品，两者之间关系紧密，在很多的功能上更容易互通，没有限制，所以通过QQ来进行引流效果好，效率也高。

说到QQ就不得不提QQ群，QQ群比较适合做微信引流。QQ群中一般群成员较多，进群比较容易，且QQ群的针对性比较强。微信运营者能够比较容易地找到自己的潜在客户群体。

然后对QQ群里的成员进行一对一的添加，也可以直接在QQ群中发送一些产品的推广信息，在信息的最后加上微信公众号，让别人来主动添加你。

QQ空间也是用户比较常用的一个功能，可以在自己的QQ空间中写一些高质量的软文，提高QQ好友的查看率。在软文的最后可以添加一些祝福的话语，然后加上自己的微信公众号。如果软文质量较高得到大家的喜欢，通过转载分享功能就能够被更多的人看到，从而起到引流的作用。如图4-4为某阅读微信公众号的空间日志。

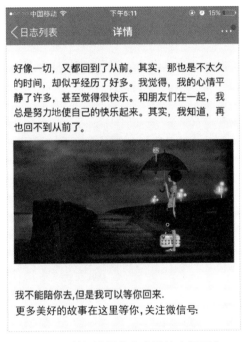

图4-4　某阅读微信公众号的空间日志

　　QQ空间对于微信运营者而言是一个很好的平台，能够和QQ好友进行互动。除了企业单方面介绍自己的产品之外，空间也能够拉近与QQ好友的距离，增强彼此之间的信任。

　　除了QQ群和QQ空间之外，还能通过空间相册上传图片以及QQ好友之间的互推方式来进行引流。总而言之，对于QQ引流不要局限一种或两种方式，这样往往得不到很好的效果，不如通过各种方法来达到引流的效果。

线下引流多渠道

引流除了可以通过线上的方式之外，还能够发展到线下来进行。其实相比线上而言，线下积累的粉丝通过实际的接触之后往往会变得更加忠实。

精准广告，赠品式引流

大多数人都容易被各种各样的赠品吸引，这也是商家吸引消费者的常见手法。对于引流而言，主要在于"精准"和"赠品"两点，粉丝定位不准确，也没有价值，而赠品需要能够体现企业的行业性质。

市面上很多的营销都没有考虑实际的客户群体是否精准，只是一味通过赠品式活动增加微信粉丝数量，这样的营销往往没有真正做到线下引流，而且还会造成损失。

例如，某洗护用品的企业在超市门口推出扫码关注微信公众号，即赠送一卷卫生纸的活动。活动发起之后很多在超市购物的市民都会顺手关注该公众号，然后得到赠品，但是往往之后很快就会对该公众号取消关注，这样的营销推广往往得不到很好的效果。

真正的赠品推广应该是根据用户的需求，去选择与品牌有互补效果的赠品。例如，卖茶叶的商家，除了可以赠送茶叶试用小样之外，还可以考虑茶叶罐、茶杯以及茶匙等与茶叶相关的物品。这类物品对于喜欢喝茶的人而言，不会嫌多，同时普通的品茶人也比较缺少这一类产品。

另外，需要精准地选择潜在用户进行赠送活动，虽然大范围的免费活动能够吸引较大的人群，但如果不是潜在客户，就没有推广的价值。例如，某乳制品商家在小区中做推广活动，关注微信公众号赠送牛奶一罐。牛奶是许多家庭生活中常备的生活用品，质量再好的牛奶也需要通过推广和宣传才能够让人知道。所以通过赠品的方式让顾客了解牛奶，之后做营销才能够更顺畅。

故事借鉴

某护肤品商店新开业不久，没有固定的客源，处于创业初期，群众对于这类护肤品店比较怀疑，宁愿选择开业较久一些的商店进行购买。针对这一情况，商家推出关注微信号送面膜的活动，很多顾客冲着免费的面膜对该公众号进行了关注。

在之后公众号的消息推送中，企业向顾客详细介绍了自家面膜有别于其他面膜的特别之处，也根据不同的肤质做了不同的测试，向顾客全面地介绍了自己的产品。

随着用户体验的升级，大家都开始对其品牌有所了解，也成了品牌的忠实粉丝。

速效方便，地推式引流

地推式引流是一种效果直接、见效快的方式，地推式的方法比较多，由于其比较直接的宣传方式，所以常常在门店、超市以及街道等地方出现。地推式引流的形式有许多，例如门店活动、扫码活动以及传单等。这种类型的引流方式通常成本较低，但不足的是往往只能够在附近一定的范围内进行推广。

门店中比较常用地推式引流，通过添加微信公众号的方法，在微信推送的信息中发布优惠、打折等内容，吸引顾客的关注。由于这类门店一般距离客户较近，所以客户的信任度较高，这类信息也会受到较高的关注。微信公众号的推送增加了顾客与商家之间的联系，提高了顾客黏合度。例如，进店消费，关注微信公众号可享受9折优惠或赠送礼物等。如图4-5所示为门店地推式引流。

图 4-5　门店地推式引流

扫码活动式的引流在一些展览或者活动中比较容易见到，他们通过表演者表演节目来吸引围观路人的眼球，然后让二维码出现在比较突出的位置，表示扫码关注微信公众号能够参与抽奖活动。这类活动往往由于其现场的气氛火热，群众情绪高涨，从而使得微信公众号引流比较成功。如图4-6所示为某扫码活动现场。

图 4-6　某扫码活动现场

但是这类活动通常需要进行很好的策划，因为活动现场人员过多，比较容易激动，需要妥善安排以应对各种情况的发生。

传单是大家比较熟悉，也是比较厌倦的一种宣传行为。想必大家都有过这样的经历，在一条不过 100 米的街道上逛街，到终点时发现手里已经接到满满的传单，有餐馆、眼镜、服装以及化妆品等，各种各样，目不暇接。但是往往大多数人都是将传单匆匆瞄一眼就扔掉了，那么为什么还要提到通过传单来引流呢？因为传单的宣传确实有效，其主要作用如下所示。

- 传单宣传范围广，受众范围广。
- 成本便宜，见效较快。
- 提供有价值的信息，对于有需要的用户而言，有一定的作用。

随着时代的进步，传统的传单宣传也需要进行改变。可以在传单中加入二维码，改变其原有的功能。以前的传单，主要是营销宣传，如今可以通过"曲线救国"的形式来完成营销。

例如，很多顾客在购买电影票之后发现距离电影开场还有很长一段时间，此时不知道该做些什么打发时间。那么可以在顾客购买电影票时，给一张印有二维码的传单，除了能够翻阅电影的相关信息，还能够在空闲时间通过扫描二维码关注微信公众号查看一些短小精美的搞笑视频或是电影的预告片。这样一来，顾客的空闲时间打发了，对电影院的其他电影也起到了宣传的作用。

一张好的宣传单会给人留下很深印象，这也是一个企业给潜在顾客留下的第一印象。除了传单的设计风格需要精美之外，还需要加入很多的介绍，另外加入微信公众号，通过微信公众号的关注可以了解更多详细信息。这样除了增加粉丝起到引流作用，也能通过实际的功能给粉丝带来便利。如图 4-7 所示为传单引流。

图 4-7　传单中的二维码引流

夺人眼球的扫码引流

微商经济又常常被称为粉丝经济，当企业的微信公众号受到众多粉丝的喜爱才会有更多的粉丝对企业进行关注。所以需要积累更多粉丝的企业可以通过一些夺人眼球的方式来吸引潜在客户，通过这种方式吸引过来的粉丝都是对企业比较感兴趣的人。

夺人眼球的引流方式有很多，例如通过一些大型的带有企业形象的玩偶在商业中心跳舞，玩偶上印有企业的微信公众号二维码方便顾客扫码。通常玩偶比较容易吸引到小孩子，所以如果是玩具企业、儿童用品企业或者是儿童服饰等企业，可以考虑使用。除此之外，玩偶也比较容易引起女孩子的注意，所以一些女性用品商家也可以使用。

通常大型的玩偶会以一种比较亲切的跳舞的形式和观众见面，由于其体型较大，比较呆萌更容易降低大家的防范心理，从而对其更加喜爱。如图 4-8 所示为玩偶引流。

图 4-8　大型玩偶扫码引流

除了通过玩偶之外，还可以让员工穿上印有微信二维码的 T 恤或者广告衫，到比较繁华的商业中心进行活动，从而引起市民的关注，这样的效果通常是比较明显的。大多数人都很容易对一些比较新鲜的事物感到好奇，想一探究竟，而这就是推广的目的所在。

相比玩偶而言，穿着 T 恤的工作人员能够为市民耐心解答一些与产品或者是企业相关的问题，而大多数玩偶不能发出声音，只能靠一些简单的表演来完成引流。通过对产品的解答，能够加深市民对于企业的认识和了解。这样吸引而来的粉丝也比较具有针对性，也是潜在的客户群体，如图 4-9 所示为员工 T 恤扫码引流。

图 4-9　员工 T 恤扫码引流

是不是穿上 T 恤然后等待市民询问就可以了呢？当然不是。T 恤扫码首先需要工作人员穿着整洁，态度亲切，主动关心和询问。女性的话，可以稍微化一些淡妆，增加自己的气质。

除此之外，在过程中尽量减少广告，更多的是站在市民的角度来介绍企业的产品能够为市民带来一些什么样的服务或者是便利。好的东西自然会得到大家的广泛传播，不需工作人员反复的宣传，盲目宣传反而会引来市民的反感。

总而言之，微信营销最为重要的是粉丝群体的累积，而引流是累积粉丝的重要一步，好的引流能够帮助企业达到比较好的营销效果。

第 5 章
粉丝经济带来最好的营销

> 粉丝是一群对某产品或企业有感情，有一定喜爱程度的人，正是这群人带动了粉丝经济。对于每一个微信公众号而言，粉丝都是最重要的，很大程度上能够直接反映出该企业的营销情况。

粉丝经济营销怎么做

粉丝是微信营销的基础，任何的营销都离不开粉丝，粉丝越多，营销效果往往也会越明显，所以粉丝的累积就显得尤为重要。

快速涨粉的诀窍

前面讲到过如何引流，怎样将其他地方的资源引入微信当中，成为微信营销的资源。这里介绍的是怎样在引流的基础上，做到快速增加粉丝的数量。

同行互推在微信营销中比较常见，同时也是涨粉最快的一种方法。互推就是与其他微信公众号进行资源互换，通过软文推送。这种方式可以快速增加自身的曝光率，从而获得粉丝的增长。

互推的方法比较简单，首先在 QQ 上找到微信互推群，通过关键词搜索微信互推，查找就能够看到很多微信互推的 QQ 群，如图 5-1 所示。

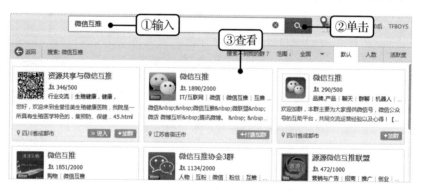

图 5-1　QQ 搜索微信互推群

申请加入这些 QQ 群，申请成功之后就可以了解到其他人是如何寻找互推者的，如果你的账号满足他们的要求就可以合作。

> **要点提示**
>
> 这里需要注意的是，虽然搜索出来的 QQ 群较多，但是仍然需要观察这些互推群的活跃度以及人数等情况。活跃度较高并且人数较多的互推群一般质量较高，可以申请加入，这样更有利于寻找互推者。同时，尽量多地添加这种类型的群作为积累，效果更明显。

真正快速增长粉丝的诀窍其实有很多，商家应留心观察，找寻到适合自己的方式。但是不要为了盲目增加粉丝而用欺骗或忽悠的方式来吸引粉丝。虽然那样的方式可能会带来大量的粉丝，但是微信营销最终目的在于将粉丝转化成客户，一开始的欺骗会给粉丝留下不好的印象，反而给营销带来困扰。

微信营销的"危机"掉粉

建立一个微信公众号很容易，但是要经营起来却很艰难，往往很多时候我们辛辛苦苦维护建立起来的粉丝群，却在不经意之间陷入了掉粉的情况，没有了粉丝又怎么进行营销呢？所以首先应该对掉粉情况进行分析。

广告频繁

大多数的微信用户关注的微信公众号较多，在这样的情况下，如果某个微信公众号总是以各种方式推送各式各样的广告，而这些广告通常是粉丝不感兴趣或者兴趣较低的一些内容。那么，在这种情况下粉丝往往就会选择拉黑。所以在广告的推送上一定要注意频率以及内容性。

有价值的信息

很多粉丝在关注微信公众号的初期，是因为该公众号能够给自己带来一些有价值的东西。但是随着时间流逝，微信经营者渐渐出现疲乏，内容粗制滥造，经常以大篇幅的广告作为内容，这样的结果就使得粉丝离他而去。

客户的培养

很多微信经营者没有把客户培养放在心上，反而每天向他们推送大量的广告或是转发链接，这样一来忽略了用户们的感受，造成大量的粉丝流失。要明白在自己关系圈里的人脉，包括朋友、同事和客户，要真正地站在他们的角度上思考。只有跟他们建立起人脉关系，才能够把这些关系转变成企业真正的利润。

知道了这些掉粉的原因之后，当然就要从各个方面来解决这些问题，让粉丝能够留下来成为忠实粉丝。其中，最重要的当然是保持互动，高频率的互动能够及时了解粉丝心里所想，也能够增加黏合度，所以可以及时办一些活动。

故事借鉴

炸弹二锅头是比较传统的酒企，群众消费基础较好，在很多的餐饮超市都能够看到它的身影。炸弹二锅头为了吸引粉丝，和粉丝进行互动，开展了一个"寻找炸弹人"的同城活动。

炸弹二锅头以消费者的形式开展了一个约60人的小聚会，并将自己的粉丝起名为炸弹人，同时也创造了一个术语，即将每喝一个炸弹二锅头都称为"炸一个"。

活动结束后，开展了"酒后吐真言"的话题活动，从线上到线下造粉。结合各种媒体平台，利用微信、微博以及豆瓣等平台开展话题活动。同时，精准私信长沙当地粉丝领袖、大号及媒体等，并在微吧与贴吧撒网铺开活动信息，做到有针对性地引导互动。例如，以"某某时刻炸一个""炸弹配什么喝"等为话题，引起公众的共鸣，从而进一步得到公众强烈反应，达到宣传推广的目的。在这些活动中，炸弹二锅头官方也拿出了一些产品作为粉丝自发宣传后的抽奖奖品。

此次炸弹二锅头的"寻找炸弹人"活动,主要将线上线下相结合,从零开始造粉,让消费群参与到企业开展的活动中,亲身感受企业的独特文化,来培养企业的忠实粉丝,以此来产生粉丝经济。

根据粉丝心理来营销

将微信公众号的粉丝最终转化成客户才是微信营销的最终目的,也就是公众号如何价值变现的问题,在此之前商家需要对粉丝的心理有所了解,为什么粉丝不愿意购买商品。粉丝会对微信公众号进行关注说明粉丝对其产品是有一定兴趣的,但是粉丝最终却没有下单购买,这其中的原因值得深究。

粉丝不购买商品的原因有很多。首先,还没有微信购物的习惯;其次,部分粉丝认为微信支付绑定银行卡比较麻烦而放弃;有的粉丝虽然关注了商家,但实际上对商家了解并不深,彼此之间欠缺信任;也有的粉丝对产品的质量存有怀疑或者认为产品可能并不适合自己。

在了解了粉丝的购买心理之后,就需要对症下药,从根本上解决用户的担忧。由于粉丝对产品的不了解,导致许多粉丝对产品一直保持观望的态度,为了改善这一局面可以采用赠品的方式。

很多粉丝不肯购买产品的原因在于,他们对产品有一定的兴趣,但是对产品并不信任,所以只是微信运营者单方面介绍产品的好处以及优势,往往效果不佳。通过赠品赠送让粉丝能够接触到产品,是非常好的方式。只有通过实际的使用,粉丝才会加深对产品的印象。如图5-2所示为微商的赠品活动。

图 5-2　商家各类赠品活动

图中是比较常见的商家赠品活动，除了让粉丝试用产品之外，还能够增加粉丝的数量，一举两得。在赠品活动中牵扯到邮费的问题，商家可以选择包邮或者是到付等邮寄方式。但是最好能通过一元钱包邮或者是一分钱包邮的免费方式邮寄赠品，因为这样粉丝就有机会体验到微信支付的便捷过程，能够为后期的产品营销做基础。

并不建议到付或者让粉丝提前支付邮费，因为赠品赠送的主要目的是为了让粉丝或潜在的客户体验产品。如果需要 10 元邮费才邮寄赠品，很多粉丝在不了解产品的前提下，不愿意支付邮费来拿一份可有可无的赠品试用装。当然并不是所有的粉丝都能够得到包邮的试用品，商家也需要考虑其营销成本。所以需要对粉丝进行选择，送给那些容易转化成为消费者的粉丝。

要点提示

对于粉丝的选择，商家可以在平时推送的文章中对粉丝进行测试，通过评论区留言来查看粉丝的活跃度，以及选择一些对自己产品比较熟悉的粉丝。这样的粉丝使用过赠品之后，再留言就比较有说服力。例如，化妆品行业，如果粉丝平时就对化妆有一定的研究，同时他（她）的朋友也认同他（她）的化妆技巧，那么他（她）使用过产品之后往往会推荐给自己的朋友。

粉丝收到赠品之后，并不等于营销已经结束。良好的营销还包括售后服务，可以对这些收到赠品的粉丝进行使用后的调查，咨询他们使用后的感受。觉得好的粉丝就需要进一步引导他们购买，为了增强推广效果，可以通过优惠的形式。例如购买产品后，将使用体验发到朋友圈可以得到9折优惠，把好的产品分享给自己的朋友，同时还能够得到优惠，何乐而不为呢？

提高粉丝的有效转化率

提高粉丝转化率指将大量的粉丝转化为真正有效的粉丝或者客户。首先，需要查看粉丝的有效性。有的人可能会认为自己微信公众号的粉丝数量庞大，有效性就高，那么粉丝转化率也就相对较高。其实不然，粉丝数量从来就不是检验有效性的标准，主要查看的是活跃粉丝的数量，例如月活跃用户以及日活跃用户等。粉丝的有效性可以通过以下方式综合判断。

- 从微信公众号后台的运营数据、每天的文章阅读量、阅读率及转发收藏等数据去判断。
- 开通了原创功能的账号也可以从互动以及点赞中去判断。
- 有些人采取在文章末尾加一个互动群的二维码，通过拉群的方式提纯粉丝做转化，这也可以作为判断和提高活跃度的方式。
- 文章结尾可以做其他相关文章的关键词推荐，从后台互动的数据来进行判断。
- 可以从运营路径中推断出来，例如有部分粉丝是做推广活动来的，如果活动和产品服务关系不大，只是通过奖品赠送的方式吸引粉丝，那么，这里会存在大量的无效粉丝，有些人领完奖品就会取消关注。
- 网站如果向微信公众号导流过，里面也可能有在网站付过费而来的粉丝，这部分粉丝数量权重如果较大，会拉低微信平台转化的数据，造成错觉，不过他们都是有效用户。

活跃的用户是转化的基准，活跃用户量越多，营销效果越好。有了活跃的粉丝之后，重要的就是产品，好的产品是提高粉丝转化率的关键所在。

尽量选择消费频率快、生活必需以及受众范围广的产品，营销的效果明显，再次购买的概率大。根据这一情况更需要明确自己的目标用户是谁，他们的年龄、职业以及需求特点，这样产品更能够贴近他们的生活。

除此之外，一个排版有序的整洁页面、一个网页链接或者是商城链接都可以提高粉丝转化率。很多人在平台购买产品时都会有这样一个体验：看到某个产品非常喜欢，将其放入到购物车中过几天再看就不那么喜欢了。所以微信营销也是这样，一个好的链接和好的购买环境能够快速激发粉丝的购买欲望，相对简单的图片，或者只是单独的介绍没有购买链接，很容易让粉丝冷静下来失去购买的想法。

故事借鉴

某化妆品微信公众号每天会向其粉丝推送一些化妆产品或者护肤产品，而且对产品会做比较详细的分析，比较出不同肤质的粉丝适合什么样的产品，如图5-3所示。

图5-3 某化妆品微信公众号产品介绍

但是在页面上并没有任何的产品链接或者是商城链接可以对商品进行购买。不过该微信公众号经营者在其他的平台有一个自己的店面，购买的方法是通过微信下方的联系方式联系到商家。

很多粉丝往往在看到这些产品时很想购买，但是经过一段时间的冷静期之后就减少了购买的热情，这样在一定程度上降低了粉丝转化率。

留住"死忠粉"才是营销王道

粉丝源自英文"fans"，主要表达热烈的喜欢，前面加上了"死忠"，表达了粉丝对于其热衷的东西死心塌地的追从。这里的死忠粉主要是产品的一些忠实的客户，这类客户才是最重要的群体。

给粉丝一个忠实留下来的理由

对于微信营销而言，吸引粉丝很重要，维护粉丝更重要，尤其是对忠实粉丝，更需要给他们一个留下来的理由。微信运营遇到疲软期很正常，用户每天收到来自各个公众号大同小异的推送信息，也容易进入厌倦期。所以，商家应该结合自身的条件，努力维护粉丝并使其留下来。

留下粉丝的方式有很多，例如改变推送消息、做好贴心服务以及多做互动等，这些都是比较老生常谈的，下面来介绍一些具体的方式。

（1）图文转发得积分

留住粉丝可以使用积分的方式，例如粉丝阅读文章之后分享给几个人阅读，就会得到相应的积分。阅读的人数越多，相应得到的积分也就越多，当积分达到一定的额度之后就能够到商城中进行消费抵现。这样的活动方式参与简单，有积累性，又能够得到优惠，很容易受到粉丝的喜欢。这样既可以加强粉丝的黏合性，又能够起到推广宣传的作用。同时，粉丝积分达到一定额度之后，很少会出现半途而废的情况。图5-4所示为某微信商家的积分活动。

图5-4　某微信商家积分的活动

（2）数据分析

想要留下真正的粉丝，就需要对粉丝的喜好以及习惯有所了解。只有真正了解后，企业才会了解粉丝真正需要的是什么，所以数据分析就比较重要了。

数据营销就是指利用数据做分析支撑，进行精准的营销策划，如利用销售分析报表和微信会员体系，得到某餐厅用户群体大多为20~40岁的女性，喜好甜食，商家在妇女节当天推出女性享受甜食8折优惠活动。大数据营销就是让决策不再靠猜，而是靠精准的数据来支撑。

大数据的"4V"特点分别是Volume（大量）、Velocity（高速）、Variety（多

样)和 Value(价值),从这里就可以看出大数据的营销价值,所以采集大数据的系统必须非常强大。

微信 5.0 之后,微信公众号不但分为服务号和订阅号,而且还能够通过微网页出售商品,结合微信支付非常方便。商家可以充分利用用户数据,推荐给用户一些适合恰当的产品,以及根据用户在网页的浏览情况来准确推荐顾客可能喜欢的产品。图 5-5 所示为某商城通过大数据为顾客推荐产品。

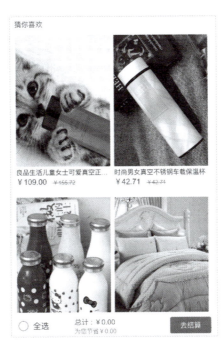

图 5-5 大数据猜你喜欢的产品

(3)养成习惯

除了广告推广宣传之外,为了使粉丝的黏合度更高,可以适当推出一些游戏,游戏的目的并不在于营销出售产品,更多的是增加用户关注微信公众号的趣味性,让用户定期查看微信公众号并成为一种习惯。所以,这类游戏最好是需要每天进行签到或一些小的操作。这些习惯，往往会留下忠实的粉丝，从而起到微信营销的作用。

> **故事借鉴**
>
> 　　某星座微信商家在其微信公众号中，推出了一款"今天你投食了吗"的游戏，微信用户在平台上领养一只星座宝宝，然后可以玩游戏领取奖品，如图5-6所示。

图5-6　领养星座宝宝

　　领养星座宝宝之后，用户需要每天为宝宝投食、洗澡以及跟宝宝进行游戏，从而换取点数。点数累积到一定程度之后，就可以换取礼物。

　　从案例中的活动发现，该活动通过每日的投食以及洗澡等活动增加粉丝之间的互动，给粉丝关注微信公众号提高了趣味性，也留下了粉丝。

拒绝高冷，用真性情留住粉丝

　　很多企业在规模较大之后，容易摆出较高的姿态以表明其所谓的"品牌"，但是这往往与粉丝背道而驰。在如今这个网络时代，粉丝经济似乎更加简单,更加纯粹一些,通俗地说就是"得民心者,得天下"。

很多商家将"得民心"简单理解为价格优惠,服务周到。其实不然,在现在这个竞争的时代,价格优惠、服务周到的商家又何止一两家。请不要将粉丝当做"傻瓜",对于粉丝,更多的是用真性情来留住。

故事借鉴

某保洁品牌为了感谢其粉丝达到了100万,该品牌的团队成员想了个创意,就是对每一位粉丝说一声感谢,也就是有多少的粉丝就说多少次的感谢。他们在一间房屋内,不分昼夜,终于在50个小时之后把这上百万的感谢说完了。一辈子能够说多少次的感谢不知道,有没有一百万次的感谢也不知道(没有人去数过),但是他们将感谢的心意传达给了每位粉丝。图5-7所示为百万感谢录制视频。

图 5-7 某保洁企业百万感谢录制视频

虽然案例中的真性情表达方式并不适合每一个企业,但是他们的行为却表现出了真性情。"高冷"的态度,可能比较容易建立起所谓的品牌,但是真性情的企业往往由于受到粉丝的喜爱而发展得更好。

产品同质化日益严重,竞争日益激烈,情感渐渐淡薄,所以人们往往更加渴望感情的回归,追求精神上的愉悦。在同等质量的产品中,人们理所当然会选择让他们感受到被真诚对待的企业。真性情地对待粉丝可以从很多细节上去努力,将粉丝作为朋友进行沟通问候。

> **故事借鉴**
>
> 张女士是一名公司职员,今年28岁,自己一个人在外地工作。9月3日是周末,张女士和以往一样在家收拾房间打扫卫生,此时她收到一条祝贺的微信消息。
>
> 原来今天是张女士的生日,张女士自己因为平时工作太忙没有注意反而忘了。消息是张女士平时关注的一家化妆品店发来的,除了祝贺张女士生日快乐之外,也赠送了两张电影票,并希望张女士能够度过愉快的生日。如图5-8所示为短信内容。

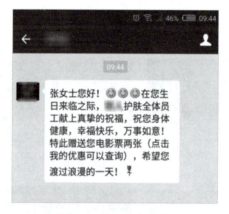

图5-8 生日祝贺短信

这一天张女士在感动中度过,虽然事后张女士想到这也是商家的运营战略,但是在心里还是对该企业留下了深刻印象。

如今,用感情留下老粉丝的方式越来越多,也给很多粉丝提供了贴心的服务。例如,生日时准备蛋糕和祝福、情人节送玫瑰以及周末提前准备好音乐会门票等,乍听起来,好像是一个近乎完美的恋人,但是往往正是这些服务给了顾客恋人、朋友及家人的感受,从而增强了黏合性。

让粉丝一起参与、一起玩儿

不知道从什么时候开始，粉丝就一直出现在营销圈中，一个企业的粉丝越多往往营销效果也越好。于是，无论是商家还是微信运营者都将目标定为：为品牌培养自己的忠实粉丝。粉丝营销的根本在于与粉丝之间的情感联系，怎样才能够增加这样的联系，结论是将原本单方面消费的客户转化为粉丝，让粉丝参与其中，和粉丝一起玩儿。

故事借鉴

小米手机品牌从手机的开发到手机发布销售，全程都让粉丝参与其中。首先是邀请粉丝参与手机产品的开发与设计，吸引了 50 万发烧友一起参与开发改进。然后，在论坛中积极普及手机的玩法，吸引了大量的粉丝浏览点赞，图 5-9 所示为小米社区详情。

图 5-9　小米社区分享交流手机用法

之后开展了"爆米花"手机见面会，整个见面会依然持续小米一贯的风格，让粉丝参与其中，决定见面会的地点以及活动内容等。具体流程如图 5-10 所示。

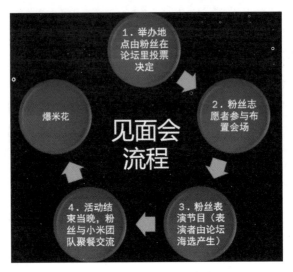

图5-10 小米手机见面会流程

从"爆米花"见面会的流程可以看到,"爆米花"全程都让粉丝参与,在论坛里投票决定"爆米花"活动在哪个城市举办,"爆米花"现场有粉丝表演节目(表演者提前在论坛海选而出),布置会场会有粉丝志愿者参与,每一次"爆米花"结束的晚上,当地的粉丝都会和小米团队一起聚餐交流。这些,让小米在赢得了粉丝的同时也牢牢"粘住"了粉丝。

在后期也仍然与粉丝进行大量的互动,除了在小米社区论坛上分享相关帖子之外,也在微博上积极制造相关的话题让用户参与互动。

根据小米手机营销可以看出,通过让粉丝全程参与的方式,可以提高粉丝的关注度,也引起了粉丝的兴趣。然后经过一系列的活动,将粉丝转化为购买力,最终获得市场。通过让粉丝参与的方式,使所有的事情都跟消费者有直接的关联,从而强化了品牌与顾客之间的关系。

对微信商家和企业而言,也可以将粉丝带入其中,让粉丝有参与感,从而增强彼此之间的黏合度。除了小米手机这类从产品研发到发布的参与之外,还可以在微信中添加一些小的设置或者环节来带动粉丝的情绪,让粉丝参与其中，充分调动粉丝的兴趣，让粉丝对企业的产品或服务充满期待。

故事借鉴

某搞笑微信公众号与其他同类型的公众号有所不同，一般的冷笑话公众号大多是通过给用户推送相关的搞笑集锦视频、故事或段子来吸引粉丝的注意力。不过关注这类微信公众号的粉丝自己也比较喜欢这类搞笑的段子，所以某搞笑微信公众号除了自己的搞笑逗趣推送之外，还增加了一个"一起吐槽"的板块，在该板块中粉丝可以和微信经营者以及很多志同道合的人一起吐槽分享，如图 5-11 所示。

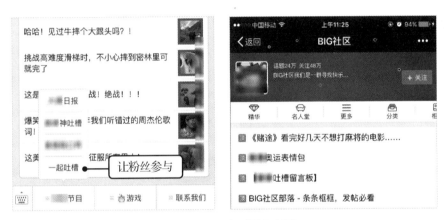

图 5-11　"一起吐槽"板块

与单方面的被动接受相比较，有参与性的讨论交流相对来说更受到粉丝的喜欢。由于互联网的快速发展，人们每天被各种不同的广告疲劳轰炸，所以相对直接的广告而言，更喜欢有参与性以及趣味性的关注。

粉丝是特殊的用户，他们的"关注"意味着兴趣和潜在购买行为，而他们的取消关注则意味着需求的转移。只有经营、管理到位，粉丝效应才会逐渐扩大，经济效益也才能持续发生。

反之，用户滑动一下手指，就能拒你的品牌于"千里之外"。粉丝经济时代，谁把握了"粉丝"的心理，谁就占有了市场；谁的粉丝数量大，市场占有率就大；谁的粉丝黏性大，铁杆粉丝多，谁的品牌就有持续的发展动力。

  总而言之，粉丝不管是对于企业还是商家而言都非常重要，但是商家们需要注意的是，即使微信公众号有几十万或者几百万的关注者，也不用把这些关注者当作粉丝，因为关注是一分钟的事，取消关注也只是一分钟的事，在众多的微信公众号中如何将粉丝转化成消费者才最为重要。

第6章
由朋友圈构成的营销圈

> 提到微信营销就不得不说到朋友圈,微信用户都喜欢通过朋友圈来分享自己的日常琐事,增进与朋友之间的感情。对于做微信营销的商家而言,朋友圈更是他们与客户之间增进联系,从而达成营销的一个平台。

朋友圈营销模式策划

朋友圈一直比较受各个微信商家的重视，由于朋友圈靠的是熟人经济，所以更容易得到客户的信任。在朋友圈中的营销主要有两种经营模式，熟人营销和口碑营销。

先做朋友，再做营销

朋友圈由多个微信好友组成，由于熟人效应，往往更容易成交。但是所有的营销都是建立在质量以及价格的真实性上，如果打破了这个原则，除了营销失败之外，还会伤害朋友之间的感情。因此，朋友圈虽然是一个很好的营销平台，具备很多的优势，但是要合理运用这些资源才能够发挥其巨大的作用。

朋友圈的营销不是在商家需要的时候，出现在平台上反复吆喝，而是需要在实际的生活中对朋友圈进行维护和管理。随着大家生活节奏的变快，人们都忙于自己的工作和生活当中，朋友之间的关系也渐行渐远。但是朋友圈的一个点赞、每一条评论却可以拉近彼此之间的距离。所以，在做朋友圈营销之前更重要的是做朋友，将朋友之间的关系维护起来。

例如，可以在朋友圈中分享一些自己的近况。朋友圈是比较私密的圈子，分享和发布的东西都能够表现出发表人的品位和爱好，它更像是我们每个人的自媒体一般，通过这些发布可以让别人更了解自己。所以不能简单将朋友圈作为一个广告平台，频繁地发布一些产品信息，这样只会让人产生厌恶感。

做营销的时候需要根据朋友的切实需要进行宣传，分析朋友是否为潜在顾客，同时确定他们是否真的需要这些产品。首先，可以将朋友圈的关系进行整理，如下所示。

- **同学圈**：朋友圈中很大一部分的朋友来自读书时期认识的朋友，这些朋友大部分都是自己的同龄人，通过同窗几年的相处也比较熟悉。
- **亲戚圈**：亲戚圈在朋友圈中占了很大一部分的比例，这部分的人对自己非常熟悉，也非常信任，感情深厚。
- **同事圈**：这是通过自己常年工作积累起来的圈子，同学圈或亲戚圈可能由于各自发展的不同而相隔较远，同事圈却是距离自己较近的一个圈子。
- **朋友圈**：通过一些相同爱好认识的朋友，例如旅游、健身以及园艺等，这类的圈子一般指向性更明确，相比其他的圈子更容易知道他们的喜好。

当朋友之间的关系牵扯到利益之后，关系就变得微妙了。所以在通过朋友圈进行营销的时候，更需要将诚信铭记在心。

通过口碑做营销，效果更佳

朋友圈中都是熟人的圈子，所以难免会一传十、十传百，通过良好口碑建立起来的营销，往往比自己鼓吹更能让人信服。

其实在我们的日常生活中，口碑营销的情况非常多。例如，当某个顾客想通过购物网站购买一件衣服时，除了会查看衣服的价格和样式之外，还会查看其评论。如果好评较多，说明以前购买的人都觉得很好，可以放心购买。但是如果差评较多，便会马上降低自己的购买欲望。这就是口碑营销，朋友圈亦是如此。

传统的口碑营销都是通过口耳相传的方式来进行的，传播速度较慢，很难达到营销的效果,同时在传递的过程中很有可能出现失真的情况。但是朋友圈的营销很好地规避了这样的情况。

口碑营销主要是在亲友以及同事等关系较亲近的群体之间进行,而朋友圈就是强关系的圈子,比较符合口碑式营销。微信传播有其便捷性,只需要一键分享到朋友圈,就能够让好友看到这条信息,用户在朋友圈中点开分享内容就能够直接看到营销信息,大大提升了转化率。当然,除了符合经济学的营销手段外,口碑营销其实还抓住了人们的从众心理,使消费者主动达成购买决策。

故事借鉴

2015年夏天,很多人打开自己的微信通信录,发现自己朋友的头像很多都变成了有趣的二次元动漫形象,非常有趣的是这些头像经过仔细观察和你的朋友颇有几分神似,出现这样的情况主要是由于一款叫做脸萌的软件。

究其根本,很多人都会好奇自己心里藏着的自己以漫画的形式表现出来长什么样。但是由于大部分人并不善于画画,因而不能够享受画画带来的乐趣。脸萌的出现解决了这一困境,上手简单并且能够在短时间内做出自己的专属漫画,当这样的头像出现在微信当中时,很难不吸引人关注,这种病毒式的传播让脸萌在短时间内迅速就在 App Store 上排名榜首。图 6-1 所示为微信用户在朋友圈中的脸萌分享。

图 6-1　脸萌软件的朋友圈口碑营销

做一个不让人反感的朋友

很多人提及微商就会直接将广告和销售与之画上等号,其实这是比较片面的。只有不专业的微商或者只图一时收益的微商才会认为在朋友圈频繁刷新广告能够做好营销。真正的微商能够代表自己的企业形象,有针对性地选择顾客群体,在其从事的行业有一定的经验,通过企业有效的分享来传播信息。所以,做朋友圈营销的第一步是在朋友圈做一个不让人反感的朋友。一般朋友圈营销主要有以下3个步骤。

- 第一步:塑造自己的专业形象。
- 第二步:做好内容营销。
- 第三步:多做活动,互动营销。

这3个步骤都很重要,需要循序渐进地实行,下面分别来具体介绍。

(1)专业的形象塑造

一个好的专业形象能够让人产生信任感,专业形象的塑造首先应该从头像开始。微信头像要用真实的生活照,最好是职业照片,不需要PS或者是美颜,美容行业则例外。贴近生活的真实照片能够拉近朋友之间的距离,明确知道自己和什么样的人交流可以降低人的防备心理。除此之外,也可以用企业的LOGO给人以专业感。

然后是微信名称,要用真实姓名。因为营销到最后都会涉及资金的交易,一个连真实名字都不敢告诉他人的人,又怎么能够让人相信呢?同时,真实的姓名也能够拉近陌生朋友之间的联系。

在微信的个性签名一栏,除了简单扼要地写明自己的身份、产品以及业务介绍之外,最好能够添加上自己的电话号码,方便顾客随时联系咨询。真实坦诚才是营销的第一步,图6-2所示为某微商的微信资料信息。

图 6-2　某微商的个人信息

微信朋友圈的相册封面图，不要放产品介绍以及宣传广告等，应尽可能地展示自己在该行业的专业形象。例如，可以放置公司的形象照片。

通过以上设置，在之后的朋友圈互动中能够拉近粉丝距离，给粉丝真实感，从而产生信任。

（2）内容是营销的基础

内容营销简单来说就是在朋友圈发消息，但是发布的频率、时间以及内容等都需要注意，既然是做一个不让人反感的朋友，朋友圈的消息就不能让人产生负担。一般在 3 条左右为宜，频繁的刷屏广告只能被朋友拉黑。至于发布的时间需要尽量固定，每天按时发送，能够让人养成习惯。

内容上尤其需要注意实用性和专业性，例如奶粉行业，可以在每天发布的消息中加入孩子每个阶段适合的营养程度以及用量、母亲需要注意的一些事项等。为了提高消息的阅读量，可以将消息进行组合。例如，首先加入一些大家喜闻乐见的趣味性的短小集锦或者是美图等，然后加入专业的知识，最后一定要加上一些自己的独到见解。

有内容的朋友圈消息，即使是营销也不会让人有屏蔽的想法。所以在发布的消息中一定要让人觉得有价值，价值性主要体现为学习价值、优惠价值或传播价值等。

学习价值是指通过发布一些专业性的知识，让人看了之后能够学到一些感兴趣或者是必要的知识；优惠价值是在朋友圈的消息中加入一些折扣信息来吸引顾客；传播价值主要体现在一篇好的文章或者是实用性的文章能够让人有分享的想法，这样的内容是比较成功的。

（3）多做活动，互动营销

没有互动的朋友圈，活跃度较低，商家与粉丝之间的黏合度较差。所以互动营销是非常必要的，互动主要分为线上和线下两种情况。我们平常接触比较多的是线下活动，例如，集齐多少个点赞，就能够免费到商店得到一份礼品。但是对于商家而言，不管是线下还是线上，都需要频繁的互动，为商店带来人气的同时，还能够促进营销。

朋友圈营销有哪些技巧

朋友圈营销并不是简单地在朋友圈中发布一些关于产品的广告信息，提高朋友对产品的认识。朋友圈的营销也存在一定的技巧性，好的朋友圈营销不会让人觉得是在推销，更像是朋友之间分享一些好的商品或者服务。

朋友圈的互动该怎么做较好

当朋友圈的朋友转成客户之后，才能够说明营销是成功的，朋友的转化率在很大程度上和自己的互动频率有关。大家都知道互动能够增强彼此之间的情感，通过一来一往的互动，加深彼此之间的联系，也让朋友更加熟悉自己。通常互动分为两种情况，一种是主动去互动；另一种是引导朋友去参与互动。

引导别人参与互动，主要是通过对别人的朋友圈进行关注，通过一些点赞或评论让人注意到自己，然后自己在发布朋友圈时，也会得到别人的关注。但是拒绝不用心的点赞，当对方的朋友圈内容比较平淡时，可以点赞；当内容比较有趣有吸引力的时候，可以进行一些比较有意思、能够引起注意的评论。

在朋友圈里的互动需要加入更多趣味性，大家浏览朋友圈很多时候都是为了新鲜好玩，太过沉闷的介绍反而会丧失大家的兴趣，从而容易被忽略。所以在回复互动的时候，为了能够达到引起他人注意的效果，内容应尽量有趣。图6-3所示为某微商朋友圈互动的有趣回复。

图6-3　某朋友圈互动回复

在自己发布朋友圈消息时，当然希望能够得到更多的点赞和评论，所以发布消息的时候更需要注重内容性。可以是自黑的互动，自黑近来越来越频繁地出现在大家的视野当中，当被大家评论时，自己主动说明除了是一种高智商、高情商的表现外，更多的是内心的自信。而人们往往容易被这种自信吸引，因为这样的自信是很多人真正缺乏并羡慕的。

当然自黑也不是容易的事，自黑并不等于哗众取宠，巧妙的自黑能吸引他人的关注，还能吸引到很多真正的粉丝。通常的自黑一般是通过长相、财富以及身高等内容来进行的，图6-4所示为某微商朋友圈自黑式互动。

图6-4 自黑式互动

除了自黑式的互动之外，还可以进行奖品式的互动。很多朋友都愿意通过一些简单的活动得到一些赠品，例如点赞并分享到朋友圈就可以得到某商品。这类营销比较直接，传播范围较广，效果也比较明显，但是这类营销需要考虑赠品的实用性与价值性。赠品乏味无趣，很难引起他人兴趣；赠品过于贵重，营销成本就需要考虑了。此时，可以设置一些随机红包，增加趣味性，或者是能引起人注意力的神秘礼物。图6-5所示为某微商有奖式朋友圈互动。

图6-5 有奖式朋友圈互动

当然，除了以上提到的一些互动方式之外，还有很多互动方式，例如游戏类互动、提问式互动等。互动的目的主要是使朋友圈活跃起来，活跃的朋友圈更有助于营销。

博取眼球做营销

今天无论是大型企业、中小型公司，还是个人商家都在做营销，希望通过营销来增加企业的知名度，从而为企业获得收益。但是营销人人都在做，消费者对于营销也呈现出疲惫感，所以要想做好营销，更需要新奇的、大胆的创意型营销策划来吸引消费者的眼球。

故事借鉴

之前有一则帖子在各个论坛中被疯狂转载："明天，我将用技术手段让天涯杂谈版面里所有的'道'字变红，你们相信不？不信的话等着看吧，如果我做不到，就将所有的'积分'送给大家。"一个简单的赌局吸引了大部分网友的好奇心。

第二天9点，天涯杂谈里的"道"字居然变红了，能够点击，点击之后页面链接到一家名为"道喜红酒网"的网站中，而网站此时正在搞满100送30的促销活动。被忽悠的网友纷纷以网络中虚拟的板砖、番薯以及白菜叶子等回敬一下，然后不得不给该红酒网的营销智慧点赞。

在如今这个网络时代，人们主动获取的信息常常被用来分享，在"道字变红"的案例中，由于其主动告知的消息介入了一个悬疑式的赌局，吸引了众多网友的注意，所以信息的传递方式就发生了变化，充分利用网友的好奇心使消息迅速在网络上得到传播。道喜红酒网红了，短短3天时间吸引了无数的网民和网媒，一个小小的玩笑，给网友们提供了谈资，更强化了品牌，使人纷纷记下了道喜红酒网这个品牌。

博人眼球的创意型营销除了可以是案例中的悬疑式赌局，也可以是游戏式、互动式以及情感式等。需要注意的是创意型营销，重点在于"创意"二字，只有好的创意才能够给消费者好的印象。

打造自己的朋友营销圈

营销需要有针对性的顾客群体，例如学校附近的小吃店生意火爆程度一定要高于公园附近，所以找到自己准确的朋友圈子来营销就显得格外重要。

另外，不用将圈子局限在关系熟悉的好友圈中，可以找准机会发展新的圈子。很多商家都会有这样的体会，相比陌生的顾客，其实熟悉的顾客很难得到满足。因为朋友已经非常熟悉了，所以相比你的产品更愿意相信你的人，你的产品一定是好的，一定是最优惠的。一旦你的产品中出现瑕疵或者纰漏，很多的事情都会被放大来看。

熟人的营销很容易，也很不容易。所以除了需要维护原来的朋友圈子外，更为重要的是发展新的朋友交际圈，打造自己新的朋友圈。

新的朋友圈不一定要通过微信，可以借助其他的社交软件。如今的社交软件有很多，通过职业、性别、年龄以及地区等找到潜在的客户群体，通过共同的兴趣爱好和陌生人聊天成为朋友，从而扩展自己的朋友圈。

例如，某个销售狗粮的个人商家可以通过软件找到一些喜爱宠物的用户，和他们分享一些养狗的技巧和心得，然后再将其引流到自己的微信中。通过这样的方式找到的潜在客户比较精确，客户的质量较高，营销也比较容易。

这类的聊天软件比较多，例如"烙饼客"。"烙饼客"就是一个基于同类兴趣活动的开放性和互动性的平台。用户可以通过手机与同兴趣的好友保持紧密的联系，同时会组织同城兴趣活动和兴趣群组，及时联系好友进行互动，然后在线分享活动以及照片等。图6-6所示为烙饼客的活动信息页面。

图6-6 烙饼客活动信息页面

从上图可以看到，烙饼客的活动非常丰富，也比较具体，通过这样线下线上相结合的方式构建的圈子，彼此之间的黏合度更高。对于商家而言，这也是一个扩展自己人脉的好方法。认识的人多，自己的朋友圈子自然而然就打开了。

麻雀虽小，五脏俱全

很多商家在朋友圈发布消息时，通常只注重消息的数量，而不注重质量。因为相较于微信订阅号或者服务号而言，朋友圈的内容虽然并没有字数上的限制，但是相比一条专业的推送宣传信息，朋友圈的消息发送还是有很多局限性的。所以商家朋友圈的消息往往不注重排版以及顺序等，只是单纯地将自认为重要的内容发布出去就可以了，其实真正的朋友圈内容发布并不是这样的，麻雀虽小，但也五脏俱全。图6-7所示为某商家在朋友圈的消息发布。

图 6-7　某商家在朋友圈的推送

该消息比较简单，商家信息之外没有任何其他的内容，就是简单的广告推广，目前的朋友圈中，这种类型的消息比较常见，也比较容易引起大家的反感。

首先推送的消息结构要完整，包括标题、内文以及配图等。标题是一篇文章的灵魂，好的标题能够迅速引起读者的兴趣，读者也能够从标题中大概知道文章的内容，选择是否点击查看全文。

内文是消息推送中的主要信息，其中可以包含成功小故事、产品预热、产品介绍、专业知识以及价值包装等。但是整个内文需要有具体的内容，而不是让读者阅读之后一脸茫然，不知所云。尤其需要注意的是，在讲到一些专业知识性的东西时，可以具体化，具体到应该怎么做，做到什么程度。而不是全文理论分析，这些理论对于大多人而言并没有任何的实际价值。

文章的结尾处，可以放一些推荐或者是广告的信息，这里需要注意的是需要尽量人性化一些，不要太过生硬，即使是广告也可以给人留下深刻的印象。

至于文章中的配图，首先需要考虑到图片的数量以及图片大小，避免有的读者在网络不好的环境中进行阅读时，因图片太多打不开而失去兴趣。

图 6-8 所示为某商家在朋友圈的宣传推广。

图 6-8　某商家在朋友圈的宣传推广

根据内容可以看到，该消息是通过仔细排版整理发送的，文章的标题一目了然，主要针对女性顾客，有特卖优惠。配图以拼图的形式，拼成爱心更容易得到女性客户的喜爱。

警惕朋友圈的雷区

朋友圈营销由于营销效果明显而受到企业广泛欢迎，但是企业在通过朋友圈进行营销时往往会因为急功近利，又或者是想快速将熟人经济转化成具体收益，所以陷入一些朋友圈的营销雷区中，反而会浪费自己积累的朋友圈资源。

无亮点,以多为主

在朋友圈中总会遇到这样一类商家,他们在朋友圈发送消息宣传时,总会一股劲儿地将店里所有产品照片上传,以为产品丰富就能够得到比较好的营销效果,快速积累人气,其实不然。

例如,某店主是一家服装店的老板,在卖衣服的同时会附带卖一些项链或者手镯等产品,但是在店主上传的消息中看不出来主次之分,让人产生错觉,不知道店主是宣传首饰还是衣服。杂乱的货物给人更多的感受就是不专业,比起专业销售,更像是一个多品牌的分销商。这样一来很难让朋友去相信产品的质量,以及价格优势。如图6-9所示为某护肤品商家某天的朋友圈消息。

图6-9 某商家的朋友圈推送

从上图可以看到，在同一天的消息发送中，商家推送的产品较多，并没有特别推荐或者是作为重点的产品。其实同时宣传多种产品无形中也给商家的宣传增加了难度，不如选择一个品类深入下去，树立自己的专业形象，每当朋友想到某项产品时首先就想起你，这时你就成功了。如图6-10所示为某美食商家的朋友圈推广。

图6-10 某美食商家的朋友圈的消息

这篇消息推广相比其他的商家朋友圈消息而言显得单一很多，每次的消息发送都只会发送一道菜。以后每到朋友有不会做的菜，或者做菜有疑问时就会第一时间想到他。

因为他是将朋友圈和微信公众号结合起来进行宣传的。首先通过朋友圈发布美食的图片引起大家注意，然后关注该公众号就能够查询相关做法以及其他菜肴的做法，如图6-11所示。商家也可以综合使用微信中的各种功能，营销效果会更好。

图 6-11 菜肴的具体做法

由自己的主观来判定

有的商家在推荐产品时存在一个误区,相较于顾客的喜爱倾向以及用户体验等,更注重自己的主观感受。例如,某护肤品商家在朋友圈宣传某款护肤品,在推荐语中这样说道"这款护肤品我用过,真的非常好,推荐给你,你一定要试试"。需要注意的是,适合自己的不一定适合别人,不同的肤质考虑到了吗?不同的年龄层想到了吗?这样盲目的推销想过朋友们的感受吗?

在朋友圈营销,由于大部分都是朋友,所以更要注意语言的重要性。要尽量给朋友一种为他量身推荐的感觉。如果是护肤品,一定要了解朋友的肤质以及需求,并且不断地耐心询问后再推荐;衣服,一定要根据对方的身高、体重、肤色情况以及个人的风格喜好来进行推荐。在反复询问的过程中，除了增进彼此的感情之外，更能够给人一种为他考虑的感觉。而最差的营销就是不管哪个顾客，都推荐同样的一件产品。图6-12所示为某商家在朋友圈发布产品信息。

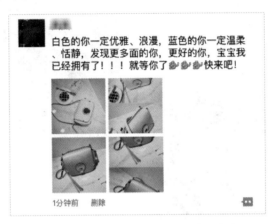

图6-12 某商家在朋友圈发布产品信息

与这种自己使用过就强推荐朋友相反，有这样一类的商家，自己从未使用，只凭自己的主观意识就到朋友圈大肆宣传。自己都没有使用过的产品，在推销过程中实在很难有底气，也没有说服力。同时，对于产品的缺点、优点都只能经旁人的介绍，再进行转述，这样很难营销成功。由于朋友圈都是朋友，所以更需要这样的诚信，一定要自己亲身体验过、觉得好，才能在朋友圈进行分享宣传。

维护关系不放心上

很多商家刚刚开始在朋友圈做营销时，朋友都会鉴于二人的关系捧场购买，表示对朋友创业的支持。但是很多商家往往在朋友购买了产品之后，就不再过问。售后服务是很重要的，况且这个交易过程不仅仅只是买卖的过程。

对于陌生的顾客而言，如果一次购买不顺心或者是有不满意的地方，下一次去其他的地方进行购买就好了，不会造成任何的损失。但是对于朋友而言，朋友更多的是希望能够得到比较好的发展，所以卖家在售后询问朋友产品的使用效果，或者是否满意该产品时，朋友大多都会认认真真地从各个方面来分析问题，帮助卖家进行改善。所以朋友圈的关系维护是非常重要的，常见的维护关系的方法有如下几种。

- **真诚待人**：在任何营销中真诚都是必不可少的，在朋友圈的营销推广中一定要树立真诚的良好形象，从宣传推广、销售至售后服务、关系维护都应该从顾客的利益出发。
- **依赖依靠**：让顾客对商家产生依赖依靠的心理习惯，每当需要某产品时首先想到该商家。顾客提出的要求尽量满足，售前售后过程中做到细致，用细节来感动顾客。
- **相辅相成**：销售的过程也是一个及时解决双方矛盾利益的过程，只有双方都满意了才算成功的销售。例如，很多销售商不愿意做售后服务，这就需要婉言告知客户不做将可能产生的后果；哪些是没有必要做或者迟点做也可以的项目，哪些是可以赠送的免费增值项目等。让客户切身体会到公司销售服务的价值，是真正用心为客户服务，真心想客户所想，急客户所需。
- **拉近距离**：聪明的业务员都会把与销售商的关系协调得恰如其分，因为业务员销售的不仅是单一的产品，还有公司产品的附加值和公司文化以及自己的个人魅力。把与客户简单的合作关系更多地转变成朋友关系后，客户就会积极地购买产品。
- **赢得口碑**：赢得客户和行业的口碑，客户就会在多数情况下向他的朋友推荐，那么公司的销售就会迅速扩张起来。营销的最高境界，是让客户主动来找公司。无论从事什么行业，如果想在该行业中长期发展或有所作为，一定要在这个行业中留下一个良好口碑。
- **善始善终**：销售工作没有止境，第一次合作成功的时候正是创造下一次机会的最好时机，让每笔生意有个漂亮的收尾带来的效益不亚于重新开发一个新的客户。

在生意场上没有永远的朋友，只有永远的共同利益，如果公司和客户之间没有共同的利益，那么客户就会慢慢流失。对公司有感激之情的客户，才是忠诚的客户。

第 7 章
微信群是营销的财富通道

微信群类似于 QQ 群,但又与 QQ 群明确区别开来。它较 QQ 群来说,更注重互动、沟通的特性。同时,创建一个气氛活跃的微信群,营造一个良好的营销环境帮助企业完成营销,这也是微商创建微信群的最大意义。

创建活跃的微信群

微信群相比朋友圈而言，与粉丝的互动更深入、更具穿透力。同时，在营销方面它与朋友圈有很大的区别。想要通过微信群来做营销，创建活跃的微信群是基础。

微信群的创建

很多人可能对于微信群的创建法嗤之以鼻，但是掌握在不同的情况下的微信群创建法，能够帮助微商挖掘更多的潜在客户群体，对于微商而言也是不可忽视的。

（1）发起群聊

发起群聊是现在比较常用的建群方法，打开微信，在微信聊天页面中点击右上角的"+"按钮，然后在下拉的菜单中选择"发起群聊"命令。页面跳转到好友页面，选中需要添加到微信群里面的好友，然后点击"确定"按钮，群就建立好了，如图7-1所示。

图7-1 "发起群聊"建群

（2）面对面建群

朋友在附近的情况下，选择"面对面建群"的方法建群更加方便快捷。在微信通讯录页面点击"添加朋友"符号，在打开的页面中选择"面对面建群"选项，如图7-2所示。

图 7-2　进入"面对面建群"

然后，在跳转的页面中输入任意4位数的口令，邀请朋友输入同样数字口令进群，建群成功，如图7-3所示。

图 7-3　输入进群口令

微信群建立成功之后，可以根据群的特点对群的名称进行设置。因为对企业而言，群的建立是为了营销，那么群的名称就可以根据客户群体的特征而建立，常用的模式有行业群、地域群以及用途群等。这主要是为了在群多的情况下，方便管理，同时好的群名称也可以吸引更多潜在客户。

微信群友多互动，总不会错的

微信群建立之后要随时与群友保持互动，没有趣味互动的微信群，客户离开退群也会成为必然。不论是什么样的微信群，保持微信群的活跃度非常重要。下面有几个保持群活跃的小方法。

（1）微信群里玩广告

微信群里面最令人反感的就是广告了，但是微信群既然作为营销渠道，广告宣传也就必不可少。关键在于，这个广告应该怎样去发才能减少群成员的反感？其实很多时候，群友反感的不是广告的植入，而是广告的不合时宜和广告太硬。毕竟群友进入这个营销类的微信群，一方面是想对这个产品有所了解；另一方面也对产品有一定的认可。所以微商植入广告时，可以从以下几个方面入手。

- **故事性**：现在，很多企业都会将广告放入故事中，激发群友的阅读兴趣。但是，故事不能太长，太长反而会降低群友对故事的好感度。
- **观赏性**：视频宣传最大的好处就是声音和图像结合，能够更加全面地介绍产品，视频不一定特别精美，娱乐的成分居多，搞笑、简单的视频能够让人印象深刻，宣传效果更好。
- **重复性**：广告的意思就是广而告之，越多的人知道，广告的效果就越好。广告宣传没有多的说法，也不用担心广告的频繁导致群友的离开。新的产品消息，能够让大家了解产品的情况，只有不需要的无效客户才会不关注，这类客户离开影响也不大。
- **关怀性**：除了必要的宣传之外，关怀性的话语也是必不可少的。节日送上真心的祝福，即使群友知道是宣传，也会觉得温馨。

（2）培养活跃的人

一个人在群里说话，没有人回应确实是一件很尴尬的事。这时候就需要一个活跃气氛的人来回应你，情绪是需要带动的，大家看到互动之后，觉得好玩也乐意加入其中。刚开始的群，可以用自己的小号来回应，带动气氛，也可以建群时拉几个自己的好友，对自己进行回应。同时，可以在一个微信群里固定培养几个活跃气氛的人，增加群的活跃度。

（3）欢迎仪式

对于新进的群友，可以在群里举行欢迎仪式，鼓动老群友多发些欢迎词和表情包让新群友受到关注，或让老群友进行自我介绍，活跃气氛。一方面可以使新进群友觉得开心及受到欢迎的感觉；另一方面也可以团结群友，活跃群里气氛，更重要的是，这样的活动能够增加群的凝聚力，方便后期营销。

（4）定时互动

微信群的活跃是日积月累建立起来的，不是心血来潮的想法。可以固定一个每天互动的时间，抛出一个互动话题引起大家的兴趣，让大家能够积极地参与讨论，可以是调侃、吐槽以及分享。重要的不是话题最终聊得怎么样，而是每天通过这样的一个互动，让大家养成每天关注群的习惯。

红包永远是活跃气氛的良药

相信大家很多时候都有这样一种感受，群里说话长时间无人响应或者回应寥寥无几，但是红包刚发出去，一瞬间就被抢没了。而且，抢到红包的人，可能没有在群里发过言，活跃度并不高。这说明，尽管很多时候群友没有回应，但是却依然关注着群的消息，这对于营销来说，无疑是个好消息。那么在群里怎样去发红包，才能够在引起大家积极参与的同时起到宣传的作用呢？

【问候玩法】

早晨在群里发一个红包，问候大家早上好，希望大家工作顺利，开开心心。晚上互动开始时发一个红包，引起大家的关注。红包不在于金额和数量，重要的是养成一个习惯，同时吸引群友的注意，也成为群友的习惯。

【代理玩法】

如果是微商发展的线下代理群，可以每天早上一个开单红包，讨得一个吉利，也祝福大家多多开单。当有代理出单之后，也在群里发一个红包，活跃气氛，新群友进群的时候也发一个红包，都可以带来很多益处。

【建群玩法】

红包建群是很常见的一个玩法，例如在群里宣布满100人发多少红包，满200人发多少红包，充分地调动群友的积极性，让群友发动身边的关系网多多拉人入群。但需要注意的是，就营销来说，主要的是客户的精准性。在建群的时候，就需要确定客户的精准性，之后拉进的群友才有可能是潜在的客户群体。否则就是无用功，得不偿失。

【游戏玩法】

可以在群里发起一个小游戏，需要时能多人参与，用红包作为对获胜者的奖励，也可以通过红包来玩游戏。游戏很多时候都可以激起众人的胜负欲和积极性，红包的辅助作用也可以充分带动群里的气氛，使群变得活跃起来。

【优惠券玩法】

红包也可以当优惠券。发完红包之后附带一条消息说明，回复抢红包截图，可以再领取礼品。在此之前，需要创建一个优惠券，例如此券可以减10元，直接将红包用户转化为消费用户。

总而言之，微信红包的玩法有很多。除了上面介绍的几种方式之外，还有红包接龙以及定向发红包等，红包的各种新奇玩法是为了给微信群带来生气，使微信群保持一个高活跃度。

微信群营销该怎么玩儿

微信群在很多人的印象中都是一个众人一起聊天的工具，但是当微信群用于微信营销时也能够发挥其价值。通过一对多的聊天方式，能够快速与客户进行沟通，同时通过群互动拉近彼此距离，完成营销。

微信群营销分几步

目前的微信群营销主要有两种方式，分别是自己建立微信群当群主和广泛加群，作为群成员在群中发言。

第一种自己建立微信群当群主主动性比较强，可以自己制定群规则，以及通过各种方式邀请目标群体加入。但是一般而言，这类营销微信群必须有足够好的产品能够吸引人加入或者能够保证群内容可以给群成员惊喜。这样高活跃度的微信群才能够营销，使其产生收益。

另一种广泛加群成为群成员，将自己隐身在群里，每天关注群里动态，适时地在群里"冒泡"，让大家认可你的存在，然后在一些恰当的时机发广告，卖货变现。对于这类群营销，主要在于微信群数量的积累，积累的数量越多，潜在客户群体也就越多。

下面以第一种建立微信群方式做详细介绍，微信群营销有一定的步骤规划，按照步骤循序渐进地进行往往能够使自己的营销有条不紊，营销效果更加明显。

（1）**邀请熟悉的朋友。**

每个行业都有不同的营销目的，但是对营销而言都少不了好友们的捧场。好朋友在微信群中作用比较明显，能够起到活跃气氛以及带头配合的作用。好朋友的选择可以从老客户入手，也可以从周围的朋友入手，但是需要根据营销的目的，精准地拉人。

（2）**让朋友的朋友加入其中。**

做微信群营销最重要的一点就是人气，人多的群，气氛活跃，大家参与的积极性较高，更容易达到营销的效果。所以需要发动朋友的朋友加入群中。同时，一个微信群中有自己的好友比较能够给人亲切感。让朋友邀请朋友加入的办法，可以在群里发微信红包，然后告诉朋友，可以邀请自己的好友进来。大部分的人对于红包群，都会积极地邀请自己的朋友。但是这时候群主需要注意以下两点。

- 发送的红包金额适中，不要太小，根据自己所在行业来判定红包的大小。例如化妆品，可以将红包金额定在50～100元左右。
- 要明确群成员的准确性，并不是一味地增加群成员的数量，因为微信群的最终目的是营销。例如，护肤品、首饰这类女性用品的行业，则需要规定只邀请女孩子。

（3）**管理微信群，是非常重要的一步。**

微信群从建立到趋于成熟都需要经过一段时间，而在过渡时期内可能会出现一些由于朋友邀请而专门来抢红包的人，或者是奔着聊天来的人，甚至是同行的人潜入群里，这时候如果不对群进行管理，那么群营销很难继续进行下去。

对于微信群的管理可以制定一系列的群规则，例如聊天规则，或者是抢红包规则。下面分享一个具体的群规则。

故事借鉴

某智慧教育机构建立了一个微信群，在群规定中这样写道：家长您好，本群是某智慧教育分享交流群，您可以在这里咨询关于育儿以及儿童心理学方面的问题，但请不要发广告等其他无关信息，也请不要添加群内其他家长，谢谢您的配合。

请各位入群的家长首先修改一下您在本群的昵称：宝宝小名＋宝宝出生年月＋区域名称。如：月儿-201004-成都。

每天晚上会有老师在群里分享育儿故事，每月一次线上育儿主题讲座或者问题收集。

每季度粉丝线下活动一次。

主题活动结束后，问题汇总，专家解答。

再次感谢各位宝妈宝爸对某智慧教育的支持，让我们一起携手，在养育健康、自信和快乐的宝贝这条路上共同学习，共同成长。

可以看到该微信群的群成员定位比较精准，对于群成员管理得比较好。群成员名称的更改除了能够方便群主对其进行管理之外，还能拉近彼此之间的距离。同时，群主还要对那些不断发送图片刷屏的用户进行清理。

（4）营销推广是微信群建立的重要目的。

首先，在每次做营销之前都可以在群里提前通知具体的活动时间点，以及营销活动的玩儿法。提前的时间一般在3天左右，每天早中晚更新活动信息。如果活动比较频繁，就每个星期或者间隔一定的时间定期举办活动，活动前可以先发一个红包活跃气氛。下面分享一个具体的微信群营销活动案例策划。

故事借鉴

某护肤品牌在微信中建立了一个自己的微信群，不时会在群里做一些线上的护肤心得分享，如下所示为微信群活动公告。

本群通告：微信群分享，护肤从洗脸开始

分享地点：本群

分享时间：9月12日晚20:00~21:00

分享形式：文字、语音以及视频

分享嘉宾：化妆师××

嘉宾介绍：化妆师××，整体造型师，被称为"化妆魔法师"，人气造型师，多次担任重大晚会造型设计，并长期和一些知名护肤品牌进行合作。

赞助商征集：自愿报名，红包赞助、冠名活动和文章后期广告插入，二次传播。

该活动是比较完整的微信线上活动策划，群里有红包活跃现场气氛，还请了专业老师进行分享活动。其实，线上活动和线下活动的思路差不多，主要是把控时间、主持人、红包以及抽奖等。活动的时间一般在1个小时左右，半个小时做分享，以及介绍产品等。剩下的时间做互动，整个营销活动就完成了。

（5）群维护。

在进行微信群活动的过程中，能够接触到一些比较优质的客户，此时可以针对这些用户送一些小礼物，发红包或者让他们邀请一些自己熟悉的朋友。而对于活动并不积极，没有兴趣的劣质客户可以做清理。

（6）实时创新。

活动需要不断地创新，才能够吸引微信好友不断关注。创新可以适当加入一些时下热点活动或者新鲜元素。例如，奥运会期间可以在微信群的活动中加入一些奥运的资讯，奥运是一个全民关注的话题，必然会引起很多的共鸣。

在微信群里面的拍卖

微信群拍卖类似于朋友之间的竞价游戏，大家聚在一起一边聊天一边竞价，同时传递业内的信息资讯。例如，群主将一个名牌包进行拍卖，上传其照片供大家查看，然后感兴趣的群成员可以在下面进行竞价，得标之后再将商品邮寄过去，整个拍卖流程结束。可以看出，就拍卖的形式而言，微信群并没有特别之处，但是由于微信手机端的便捷，确实给了这些玩家方便，如图7-4所示为某微信拍卖群的拍卖情况。

图7-4　微信拍卖群

随着微信的普及，很多行业领域逐渐形成了相对稳定的微信群拍卖模式，各种各样的拍卖群层出不穷，拍卖的形式也是大同小异，许多的藏友玩家深陷其中，乐此不疲。与其说是营销，更像是熟人之间的珍品交流，同时少了拍卖行的中介费用以及诸多的规则。但是对于微信群拍卖而言，还是有很多需要注意的地方。

- 拍卖并非甩卖，既然是拍卖就要有拍卖的价值，不能一味地作为商家清仓甩卖的平台，所以群主在准备拍品时需要注意拍品的贵重性，严禁恶意欺骗行为。

- 因为存在拍卖的行为，提升了收藏者的购买体验以及参与感，使得购买者常常不知不觉产生了购买的动机，这往往是很好的营销机会。
- 微信群之中虽然往往出现从无底价到几万元不等的拍品，但是真正集中的价格还是在千元上下，根据拍品的特点设置合理的价格以及选择适合的拍品，无论是拍卖前的关注度，还是拍卖环节的出价次数，1000～5000元左右的拍品比较受到欢迎。
- 微信群在成立之初，主要是通过微信群主和好友利用各自的资源拉人建群。但是其中真正的有效客户较少，所以需要定期进行维护，对不常发言的群成员进行清理。

目前，有越来越多的微信群拍卖平台进入人们的视野，微信群拍卖虽然还只是实体拍卖的一个补充手段，很多地方仍然存在漏洞。例如，名品古玩拍卖，真假难辨。同时不支付竞买保证金的方式也存在一定经营风险等。但是微信群拍卖仍在发展中，相信会逐渐完善。

> **要点提示**
>
> 微信群拍卖虽然没有拍卖行参与，但是仍然需要遵守关于拍卖的一系列规则。例如，不能私下交易、哄抬价格以及趁机介绍、低价推销自己的产品等。

微信群众筹玩儿法

众筹即大众筹资或者群众筹资，由发起人、跟投人以及平台组成。由于其低门槛、多样性而受到广大群众的喜爱。继P2P之后，"众筹"成为互联网金融行业中野蛮生长的另一领域。大到产业融资，小到吃饭、购物都可以成为众筹，预购前沿产品和创新模式的融资为众筹的两大重要板块。

正是由于众筹的不断发展，不少商家在这种模式中看到了商机，所以在一些微信群中发起了众筹活动。具体的玩法是，参加活动的朋友每人发给群主规定金额的红包就有机会筹到礼品。操作方法简单，但是因为奖品诱人，所以不少人对这种活动感兴趣，下面以一个具体的案例来分析。

故事借鉴

某抢抽苹果6手机的微信群，群主是一名手机营销商。群主在群中发布了一条众筹抽奖的相关规则，如下所示。

每位群成员向群主发一个88元的红包即可进群抽奖，满50人之后开奖。群主在群中向50位群成员发一次拼手气红包，红包个数50，系统显示手气最佳者免费赠送一台全新的苹果6，中奖者需要发出500元的20人红包一个，作为中奖彩头的分享，给予未中奖者安慰。

对于案例中的营销商而言，众筹的方式快速地卖出了产品，整个过程也是随机的形式，这种群众筹的形式公平、公开，同时也具有一定的趣味性，所以受到众多微信用户的追捧，并且乐此不疲。

如今各种形式的众筹层出不穷，甚至是买房众筹，上面案例中的众筹更类似于一种产品的预售。对真正想要通过微信群进行众筹的商家或个人而言，有以下几点需要注意。

首先是众筹发起人在发起一个众筹项目时，对自己的产品非常认可，非常满意产品服务才能够进行众筹。众筹的意义在于通过众筹的形式来做好一件事，不能有将风险转移的想法。众筹人在发起一个众筹时，需要设计一个回报给参与人，而不是借这种方式去偷换概念，所以需要注意的是产品的价值，而不是关注风险的转移。一定是将有价值的，甚至是超价值的东西给参与人，大家才会积极参与其中。

因为微信群是一个强关系的社交圈，所以有很多的朋友和亲人在其中。但是需要注意的是，在朋友不愿参与的时候，不能够通过情感绑架的方式让人参与其中，这样往往得不偿失。

故事借鉴

王女士最近遇到一件不开心的事情。随着天气转凉，朋友小玲在网上看上了一件衣服，所以将衣服的照片发给她。王女士一看，衣服不错，款式也很漂亮，但是价格有点高，要1800元，替小玲心疼。

小玲是个典型的月光族，现在距离发工资还有一段时间，所以劝小玲还是算了吧。但是小玲却不在意，认为自己现在手上的钱不多，但是这件衣服一定能买。晚上的时候，微信群里出现了小玲发来的消息："天冷了，我想买件衣服，钱包太瘪，不够付款，望朋友们用微信红包支持，是朋友的发6.66元，是情人的发9.99元，是爱人的发13.14元，是亲人的发5.20元，记得打赏哦。"

王女士觉得很反感，这不是感情绑架吗？但是由于钱也不是很多，所以碍于朋友感情，仍然给小玲发了6.66元红包。第二天小玲告诉她，通过昨天的消息，她收到了数百元。原来她不仅发了朋友群，还发了亲戚群、同学群、同事群以及客户群等。

故事的最后，小玲终于得到了她心爱的那件衣服，但却因此损失了很多朋友。很多朋友反感这样的行为，也将她拉黑或删除。人脉对于所有人而言都是非常重要的资源，对于企业而言更是如此。所以，在微信群进行众筹时，要避免类似情感绑架，虽然极少部分的人会觉得很有趣，但是更多人表示反感。

其次，参与众筹的跟投人要有参与感。不是收到钱之后就结束了，产品的进度、发展情况都要随时公布。投资人对于回报一定充满期待，所以更希望能够参与到产品中，也可以让参与人表达关于产品的想法。所以，虽然微信群众筹是一个比较新颖的玩法，能较快吸引大家的眼光，累积大家的热情，但是也需要合理使用才能玩好。

微信群的日常管理和维护

相对于朋友圈，微信群群友之间的互动联系更为直接，所以微信群的营销效果往往更明显，因此更需要对微信群进行维护管理。

群主的群成员管理

微信商家和个人在建立起微信群之后，需要对自己的微信群进行日常的管理。首先就需要了解微信群主具有哪些权限，如下所示。

- 群主可以删除群成员和邀请好友进群
- 超过 100 人后只有群主才能修改群名称
- 发布群公告
- 群主管理权转让

首先是删除群成员，在一些微信群中经常会出现一些质量不高、鲜少发言的群成员，这样的群成员一般不作为潜在客户，所以需要定期对这些群成员进行清理。群主可以在群成员页面点击"－"按钮，然后在跳转的页面中选中群成员，点击"删除"按钮，如图 7-5 所示。

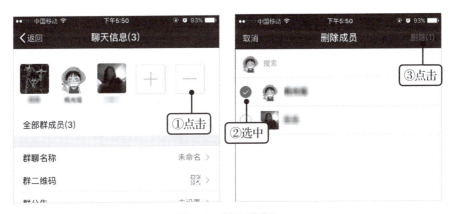

图 7-5　删除群成员

与删除群成员相对的是邀请好友进群，点击群成员后面的"＋"按钮，然后在跳转的页面选中需要邀请的好友，单击确定就可以了，如图7-6所示。

图 7-6　邀请好友进群

修改群名称能够让新成员入群时更加明确，也方便群主精准地找到群成员。群成员数量的不同，群名称修改的限制也不同，当群成员数量低于100人时，群成员都可以对群名称进行修改；当群成员达到或超过100人时，只有群主才能更改群名称。在微信群信息页面点击"群聊名称"选项，然后在页面输入新的名称，如图7-7所示。

图 7-7　修改群名称

发布微信群公告也是群主的一个权限，群主可以通过公告公布群规则、群游戏玩法以及活动规则等。群公告发布之后，系统会自动@所有群成员，所以群公告能够帮助微信群进行营销，如图7-8所示。

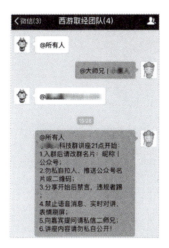

图7-8 群公告的发布

群主管理权转让，指的是当群主因为一些特殊原因需要离开，可以将微信群转给另一个人来进行管理。在微信群聊天信息页面下方点击"群主管理权转让"选项，进入选择新群主页面，选中新群主，点击"确定"按钮，如图7-9所示。

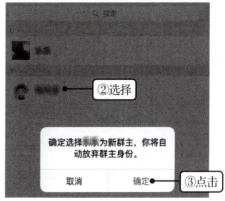

图7-9 群主管理权转让

熟悉微信群中的各种功能，对群主在微信群的日常管理中比较重要，微信群的管理是群营销的基础。一个管理良好的微信群，常常能使微信群营销的效果事半功倍。相对，一个管理较差或不管理的微信群，也常常达不到营销的效果。

微信群经营并不难

有时候微信群的价值比朋友圈、公众号都大。微信群比朋友圈的互动更直接，它是一个通过直接互动带来价值的营销模式，但是微信群经营并不难。

很多人对于微信群都会有这样的经历，首先是莫名其妙地被拉进群，然后受到很多欢迎，跟很多陌生的朋友热聊互动，之后渐渐冷场，最后悄无声息地退群。对于商家或个人而言，保持群的活跃度，就需要让微信群长期保持在一个热情互动的阶段。

可以将微信群看做一个圈子的小平台，虽然微信群的目的是为了营销，但是营销并不妨碍和群成员互动沟通。相反，好的互动能够帮助彼此建立信任感，促进营销。

促进沟通的方式可以在群中预备几个积极分子，也就是所谓的"捧场王"。在一个微信群里，一般有10%的人是积极分子，剩下的基本为围观者。但是在积极分子的带动下，微信群能保持在一个活跃度较高的范围内，从而引起余下群成员的关注。

接下来是围绕群成员的实际问题——群价值体现。微信群是一个自由组织，它聚集人群非常容易，成员退群也很容易。虽然聚集了很多人，但是这些人未必是同类，熟人之间不需要在微信群里热聊，陌生人之间也很难聊开。所以，维系一个微信群的正常运行，就是互利。简单地说，就是群成员能在群里得到什么有价值的东西，也就是群主的产品或服务是否能吸引成员。

另外，将微信群的互动时间固定，让群成员养成习惯非常重要。可以在晚上 8～9 点之间，一般这个时间点的人晚饭过后，休息还尚早，大多人都有玩手机打发时间的习惯，所以这个时间段正是互动聊天营销的好时机。

> 要点提示
>
> 需要注意的是，根据群成员的数量可以将 100～500 人或以上的群称为"大群"，50～100 人的群称为"中群"，50 人以下的群称为"小群"。大群一般很难管理，也管理不过来。小群比较好管理，可以形成比较好的良性互动。所以，对于微信群营销而言，重要的不是群人数，而是微信群的活跃程度。

优质群友的维护方法

经过一段时间的管理，微信群的群成员部分可能成了成交客户。对于这部分的客户需要重点维护，增进彼此之间的关系。因为这类客户很有可能会再次消费购买或者将产品介绍给朋友，做良好的口碑宣传，也能给群里其他成员介绍。这部分群成员的维护主要从以下几个方面进行。

可以单独添加重要客户，成为微信好友，方便彼此进一步交流互动。此时，由于客户已经有过消费经历，对商家有很大信任度，或为了一些售后问题，一般很容易添加成功。

通过微信交流，熟悉每个优质群友的需求和特点，这是营销成功的关键。清楚每个群友的特点会给他人以用心交流的感受，给人留下较好的印象。

> 故事借鉴
>
> 陈女士是一个小区物业的客服人员，每季度都会得到优秀员工奖章以及客户满意奖。公司颁奖之前随机对每个工作人员负责的小区住户进行电话

访问，查询客服人员的服务质量。每次陈女士的满意度调查都是100%。

原来，陈女士虽然平时工作繁忙，但是仍然对其服务的住户非常上心。每一户住了几口人，家里有些什么人，大概年纪，做什么工作，经常会有什么样的情况都非常清楚。以至于所有的住户谈及陈女士都是满口称赞。

所以，维护一个客户需要细心了解其需求爱好。另外，虽然是成功交易的群友，但是仍然需要在微信及微信群中经常互动，增进彼此的感情，这样才能维护好感情。

第8章
人人都可以玩的微系列营销

> 除了微信公众号、微信朋友圈以及微信群等功能之外,微信中还有一些小功能可以用于微信营销,为企业创造收益。

微信游戏，玩游戏也营销

游戏营销主要是通过游戏的转发传播，来认识某个品牌。如今手游越来越受到游戏用户的喜欢，游戏用户也是一个比较庞大的群体，所以利用好微信游戏，可以起到较好的营销效果。

游戏中植入品牌做营销

知乎的"财务包子铺"，盈盈理财的"挖掘机入学考试"，新希望的"扶香蕉"以及工商银行的"投资大亨"等，微信中出现的不少小游戏吸引了众多的玩家，可以发现这些微信小游戏都具有一个普遍特点，就是设计新颖，规则简单，趣味性强，不单调，传播速度较快。

商家推出的这类小游戏有个专业术语，叫HTML5移动游戏，由于这类游戏制作成本较低，同时制作时间较短，受到了企业的欢迎。

故事借鉴

"我用了×步围住神经猫，击败×%的人，获得称号×××，你能超过我吗？"——"围住神经猫"是2014年微信游戏的经典，这款只用一天半时间研发出来的微信小游戏，因为简单、好玩，也因为有比拼智力的成分，抓住了用户的兴奋点，甫一出现，大家就被这只贱贱的白猫吸引了，不断刷屏，不断转发。短短几天时间，用户数就上亿。仔细分析，"神经猫"游戏用带有比对性的语言，煽动了用户内心深处的攀比心理，更抓住了人们爱玩游戏的天性和兴奋点，从而获得了巨大成功。

比较可惜的是商家在推出该款游戏时，只作为一款小游戏供微信用户玩，如果事先在这类受欢迎的游戏中植入品牌广告，那么它的传播效果则不可估计。相比微信公众号的信息推送，游戏中的品牌广告给游戏玩家的排斥感较低。因为玩家玩游戏是处于一个主动的位置来接受信息，而推送的消息，用户比较被动，只能接受。

品牌将广告内容完全融入游戏之中，属于典型的植入式营销，可以减少消费者的逆反心理，更容易取得消费者的认同与好感，如果利用得好，效果要优于传统广告形式。所以可以在游戏界面软植入商家品牌信息、合作商家品牌信息以及有关用户关注商家的信息等，如图8-1所示为某游戏界面的品牌软植入。

图8-1　某游戏界面的品牌软植入

从图中可以看到，每一个登录游戏的玩家都能够看到商家的品牌信息与合作的商家信息，随着玩家数量的增多，游戏开始病毒式的传播，营销的效果也就越来越明显。

游戏与当下热点结合，吸引玩家

微信小游戏其实是企业通过移动互联网进行营销的一种方式。商家以小游戏这样具有互动性的方式在微信中进行推广，类似于病毒式的疯狂传播，对商家而言是一种以小搏大的营销。

但是，不得不提的是这类小游戏一般操作比较简单，虽然传播速度较快，但是过了一段时间之后，很快就会被新的游戏替代。所以，这类小游戏一般寿命很短，基本上在3～5天左右，热度一过关注度就会下降。在这样的情况下更需要结合时下的热点来吸引玩家。

故事借鉴

"挖掘机哪家强，到山东找蓝翔"，简单粗暴的广告使得蓝翔挖掘机瞬间火爆网络。借助这个热点，某理财也在微信中上线了一款小游戏"挖掘机入学考试"。这款游戏风格幽默，推出之后马上受到众多玩家的喜爱。

进入游戏之后通过回答提问，让玩家有30秒时间挑战挖掘机技术。如果玩家出现错误，屏幕显示"误我去"，同时写着"0分，乃的智商去守护银河了吗，给你跪了。这和清华北大有神马茶币额，赶紧重新来雪耻吧。"

游戏中的问题迷惑性很强，玩家稍不留神就会回答错误。当玩家一直通不过"考试"，此时屏幕就会显示"开启工资保障模式"。点开之后，原来是某理财的注册通道，"50元申购即享6%～10%收益，再送10元现金红包"的广告词，吸引众多玩家。

由于时下的热点话题关注的人较多，所以和热点有关联的游戏总能够在第一时间引起玩家的注意，并马上成为潮流。所以商家在设计游戏时，需要更多关注当下热点。

世界杯期间全世界的球迷都为之疯狂，很多商家也瞄准这一契机推出了足球游戏。在屏幕中模拟世界杯，参与的方式简单并且具有一定的趣味性。游戏推出之后，马上引起众多球迷玩家注意，上线2天就有5万参与用户，1.5万转发分享，增加了8000粉丝。如图8-2所示为该游戏界面。

图8-2　某足球游戏界面

综上可以看到，当游戏与时下的热点相结合时，相比一般的游戏推广能更快地吸引玩家的关注。所以商家在做游戏时，需要将游戏的时效性和当下的热点进行结合。

排行榜激励玩家再次参与

排行榜是很多游戏中都会出现的，主要通过活动结果页面展示，用排行榜的排名情况来刺激用户的胜负欲,从而激发玩家参与活动的积极性。

对于高级玩家来说,上榜是游戏水平或者游戏成就最直观的体现,对于普通的玩家而言,可以通过排行榜对比出自身与其他玩家的差距,知道自己的游戏水平。

故事借鉴

"疯狂打怪兽"是某微信公众号推出的一款微信小游戏,为了激励玩家更多参与其中,该游戏在排行榜中分别设置了冲关排行榜、战斗力排行榜以及PK积分排行榜3个榜单。玩家可以通过3个榜单来查看自己的游戏水平,如图8-3所示。

图8-3 三大排行榜

为了吸引更多玩家参与其中,从而达到营销的效果,游戏在PK积分榜单页面设置了邀请好友,每日邀请好友可以得到不同程度的奖励,如图8-4所示。

第 8 章 人人都可以玩的微系列营销

图 8-4 邀请好友

排行榜更多的是利用每个玩家的好胜心，因为每个人都有嫉妒心理，当你发现游戏中有人超过你，你就会有一种想超过他的想法。所以玩游戏会上瘾，从而达到了营销的目的。

奖品诱惑，鼓励玩家多参与

给玩游戏的玩家诱惑性的价值，从而激励玩家积极参与游戏，一直都是商家惯用的手法，也是具有实用性的方法。玩家在玩游戏打发无聊时间的同时，还能够通过玩游戏获得实际的奖品，这对于玩家而言也具有一定的吸引力。

故事借鉴

新希望乳业曾经在微信中推出过"扶香蕉"的游戏。游戏很简单，游戏的界面是手掌上立着的一根香蕉。玩家开始游戏后，只需要左右移动手机，不让香蕉倒下，坚持越久，则成绩越优秀，按照秒数来记录成绩。

游戏每周排行榜前 10 名的用户，都能够得到一箱香蕉牛奶。游戏推出之后，由于操作简单，吸引了众多的玩家，许多玩家利用空闲时间抱着随便玩玩还能够得到牛奶的想法参与其中。

除了通过直接游戏结果来奖励玩家之外，还可以通过邀请好友的方式让朋友参与游戏，在推广游戏的同时也起到营销的作用。此时商家需要注意的是奖品的设置，根据邀请好友的数量，奖品设置也需要不同。

故事借鉴

中秋节前，某公司推出了一款"蟹蟹登月"的游戏，参与者只要不断猛戳屏幕，游戏中的卡通蟹就会不断地沿着葡萄藤往上爬。如果有120人给参与者助力，卡通蟹就可以成功登月，这时就会跳出一张由"友名水产"提供的免费蟹券。一周时间，竟有5万多人参与游戏。

通过上面两个案例可以发现，虽然是两个不同的微信小游戏，但是它们具有一定的共同点，首先游戏规则简单，操作方便，容易上手；其次奖品具有实用性，吸引玩家。

一般玩微信小游戏的玩家都是利用一些比较短的闲暇时间来进行，例如等公交车、午休或者临睡前，所以这类游戏一般不会太过复杂。此外奖品更注重实用性，这类玩家不是专业玩家，不需要类似极品装备的奖品，这样效果反而不佳。因为游戏的主要目的是为营销企业产品，游戏本身只是一个辅助工具。

微信红包，营销的"糖衣炮弹"

微信红包是微信营销中重要的催化剂，能够帮助商家快速地在微信好友间建立信赖感，从而增强彼此间的联系，还能够帮助商家找到潜在客户群体。

操作简单，联系客户

根据统计，2015年除夕至初五，微信红包收发总量为32.7亿次，除夕当日收发总数为10.1亿次。春晚播出期间，"摇一摇"领红包互动总量超过110亿次；22:34出现峰值达每分钟8.1亿次；全球185个国家都有人参与春晚微信"摇一摇"。

微信红包传播速度如此快，如此广泛，主要原因在于其操作简单，正是由于其简单的操作，从而迎合了用户的需求，只需要3个步骤就能够轻松玩转：填写红包信息、微信支付成功以及发送给好友/微信群。

红包可以单独发给某个微信好友，也可以发给微信群。当对方打开红包之后，只需要将零钱提现到关联微信的银行卡，领到的红包就能够自动转账。相比之下，"拼手气群红包"更受欢迎，用户设定好红包的金额和红包的数量，系统会随机生成不同金额的红包，用户将红包派送出去后，群成员根据自己的手气随机抢红包。

很多人都有过这样的经历，在添加某微信好友之后却没有再联系，一直存在通讯录中，不知道怎么沟通。对微信营销而言，给微信好友的初印象是比较重要的，与其第一条消息就发送广告，不如发微信红包做见面礼，如图8-5所示。

图8-5 微信新好友红包

对商家而言，通常是单方面向微友以各种形式发送广告，但是微友并没有任何的回应，甚至是删除拉黑。此时，则可以通过微信红包的方式激活沉睡的微友。例如，在5月20日、6月1日以及7月7日这些节日里发一些红包，红包的金额不定，所谓"礼轻情意重"。需要注意的是发送红包的意义在于，通过这样的形式激活微友，找到潜在的客户群体，对僵尸粉进行彻底的清理。

商家除了能够对单个潜在客户发红包增强联系之外，还能在微信群中通过微信红包的方式调动群友们的积极性。微信群中的群成员大部分都是潜在的客户群体，但是随着时间流逝，群成员渐渐对群里的宣传推广进入疲乏期，所以微信红包可以调动大家的积极性，使群保持活跃，如图8-6所示。

图8-6 微信群红包调动群气氛

往往这些微信红包的效果都是立竿见影的，对于很多人而言，也许对马路上掉落的1元、2元并不在意。但是在微信群里通过红包的方式得到1元也觉得非常开心，这就是微信红包能够调动群气氛的关键。

红包帮助新粉丝关注公众号

商家都明白每一个微信公众号在建立的初期，由于基础粉丝比较少，所以很难通过每日的推送来吸引粉丝转发分享获得更多关注。因此，新建立的微信公众号需要吸引新的粉丝，当然吸引粉丝的方法有很多。例如送礼品互动、转发有奖等，都是微信公众号在前期比较适合的营销活动。除此之外，微信红包也比较适合快速增加新粉丝。

玩微信的人都知道，微信红包只能在个人微信上发给好友或者群好友，而不能转发或是在公众号上直接发送红包，所以微信红包吸引粉丝可以通过以下几种方式。

首先是关注微信公众号即送红包，商家设置关注后回复"红包"领取，这种方式可行性强，且效果明显，可以将线下线上相结合，直接在官网或者实体店内发布有关信息，如图8-7所示。

图8-7　微信关注送红包

然后可以在个人微信上建立一个群，某某公众号红包领取，将群二维码导出来，或者在微信公众号设置关键词"红包"。把群二维码放到关键词自动回复，并且说明请关注公众号领取红包者加入群，微信红包将在群里发布。

但是商家需要注意的是，微信红包添加新人活动流程很简单，但是要把活动效果做到最好，在网上发布新闻和活动通知的时候一定要加上自己的品牌介绍或者产品介绍。如果是自媒体，应先对自己进行介绍，然后公布活动。这样做微信红包活动不单单在微信公众号上留住了粉丝，而且在个人微信号上也有这一批粉丝，可谓双重保险。

APP 利用微信红包做推广

随着微信用户对红包的狂热追求，一轮新的商业模式来了——APP 推广。通常以大额红包为"诱饵"，条件是需要用户下载某家 APP 软件为通行证，也就是用户下载了该 APP，并且注册账号，就有资格抢这个大额红包。图 8-8 所示为某 APP 的红包推广。

图 8-8　某 APP 的微信红包推广

如今一个企业想要做 APP 推广的成本并不低，以游戏 APP 为例，安卓渠道价格大约在 1.5～4 元之间，IOS 的价格大概在 4 元以上。如果以红包的形式，在微信上进行抢红包的推广，相比较而言成本低。

另外，微信是一个强关系的社交 APP，这些用户作为企业的第一批用户，活跃性较强。如果能够维护好关系，定期对企业品牌进行曝光并适当推广活动，利用朋友圈进行曝光，效果也是十分可观的。

> 故事借鉴

为了能够在短时间内提高 APP 的下载量、新用户注册量等指标，某购票网专门针对新用户展开了活动。在该微信公众号的页面上明确说明"安装送 20 元现金"，用户下载并且安装 APP，新用户登录就能领取最高 20 元的红包，如图 8-9 所示。

图 8-9 某购票网 APP 推广

由于火车票、飞机票等都是人们出行必须要购买的，通过 APP 能够得到优惠，还能够得到红包，所以一经推出就受到广大的用户喜欢，下载量激增。

以上只是利用红包做微信营销推广的 3 个方向，每个都可以进行细节操作，让效果明显并最大化。发红包是中国人传统送祝福的方式，而微信红包给了大家另一个发放的渠道，相比传统的红包更好玩、更便捷，所以商家更需要利用这一点来进行红包营销。

利用微信会员卡做营销

微信有一个非常明显的优势即低门槛性,一般人都可以自由使用,所以利用微信招募会员就显得比较容易。用户扫描关注,注册商家会员,同时获得一张存储在手机微信中的电子会员卡。

会员卡营销怎么做

会员卡是商家与消费者之间增强关系的纽带,微信用户可以通过关注商家微信公众号申请成为会员,免去商家客服人员人工登记会员的烦琐程序,微信使整个流程变得快捷有效。

商家需要快速招募会员,可以将自己的微信公众号生成二维码设置在各个地方,例如门店、传单以及报纸等,通过优惠的形式来吸引消费者扫描关注。如图 8-10 所示。

图 8-10　各种形式的扫码关注

微信用户关注企业微信公众号之后,根据微信页面的提示完成会员注册,不同企业虽然注册会员的方式不同,但总体大同小异。这里以7天酒店为例,介绍其会员注册。

首先进入微信公众号,点击"订房"选项卡,选择"会员服务"选项,如图8-11所示。

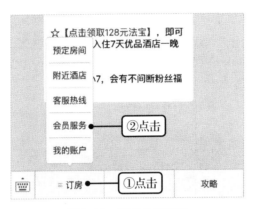

图8-11 打开会员服务

进入会员服务页面,在"注册会员"栏下方点击"点这里"字样的超链接,如图8-12所示。

图8-12 打开注册会员页面

在会员注册页面,根据页面提示填写姓名、电话及身份证号码,然后设置密码,输入邮箱和验证码之后点击"完成"按钮,如图8-13所示。

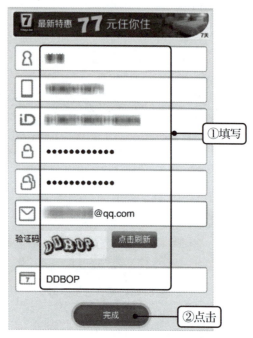

图8-13 会员注册信息填写

然后跳转至注册成功页面,屏幕中显示"注册成功"字样,新用户可以在该页面领取相关的新会员奖品,如图8-14所示。

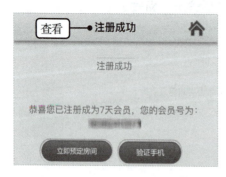 

图8-14 注册成功

在微信用户成为会员之后，商家可以将传统会员卡（次卡、感应卡以及条形码卡等）跟微信进行绑定。这样用户再进行消费时，二维码刷卡自动解秘手机会员的二维码并将其传输至原有系统中，自动识别用户的会员身份，用户也能用微信直接进行支付，消费者出门就不用再携带会员卡，方便支付，释放顾客的钱包，也增加了顾客与商家之间的联系。

相比原本用户单方面通过手机接收商家的会员优惠信息以及余额查询，现在微信用户可以直接通过微信端查询会员卡积分、余额以及消费记录，还可以实现服务预定、产品预订等功能。

会员制营销方案设计

会员制营销就是企业以会员的形式发展顾客，并提供差异化服务和精准化营销，提高客户忠诚度和回头率，从而增加企业的长期利润。对于企业而言，争取一个新客户的成本远远高于留下一个老客户的成本，但是留下来的客户可能为企业带来100%的利润，而微信会员制度则是传统会员的升级。企业开通会员的目的主要有以下几点。

- 广泛招募会员，吸引客户消费体验。
- 会员资料获取，形成初次消费。
- 会员资料完善，数据挖掘分析。
- 会员关怀服务，增加会员的黏合度，提升重复购买率。
- 建立完善的会员体系，形成良好的口碑营销。

企业的微信公众号是一个良好的自媒体平台，通过微信公众号可以完成会员营销。公众号的推送宣传能够及时地向用户传送企业信息，吸引用户购买消费，也能够通过公众号增加与会员之间的互动，从而发展新会员或者做新活动推荐。

会员制营销的方案设计中，可以根据商家实际经营情况来具体策划，下面来介绍一些比较常用的微信会员营销方案。

商家可以通过老会员来发展新的会员用户，例如老会员在朋友圈转发分享推荐新朋友。当推荐成功一名会员时，可以适当地给予新、老会员部分奖励。图8-15所示为某商家的推荐活动页面。

图8-15　某商家的会员推荐活动

商家老客户的朋友质量也较高，同时也是较为精准的潜在客户群体，发展这部分的潜在客户也能够为企业带来收益。

另外，可以针对收集而来的客户资料进行再次开发，为客户量身制定出适合的活动、服务或者产品。这样的活动通常由于对会员具有实用价值而广泛受到会员喜爱。例如，根据会员所在的地理位置，进行一些旅游路线推荐。也可以通过会员的资料，在会员生日之际，送上祝福或者优惠打折活动等。

餐饮行业的微信会员卡改革

大多数传统的餐饮店都是通过发送传单的方式进行宣传，吸引顾客进店消费或者重复消费的。往往这种方式收效甚微，还需要大量的人力资源，也不容易实现会员积分和奖励活动。但是微信会员营销的出现彻底改变了这一现状，下面以一个具体的实例来介绍。

故事借鉴

某餐饮小店生意一直不错，但是随着附近相同类型的小吃店增加，店内的客源逐渐流失，如何将这些客户留下来，成为老板的难题。后来老板发现，现在大多数进店的客人都习惯性地拿着手机玩，所以老板想，如果将自己的店面信息传送到每个人的手机上，是不是就能吸引到更多的客户了。

老板随即开通了微信公众号，虽然关注的粉丝在增加，但是为了避免客户损失，增加客户的黏合度，老板又开通了会员制度。在微信公众号的会员页面可以完成充值、领优惠券以及完成积分等操作。

不是简单的优惠券，而是从用户的生命周期出发去做活动。过去做会员就是简单发折扣券，但是小店会从生命周期去管理。例如，半年之后会员一般会进入所谓的沉睡周期，基本上就不会回来了，他们每半年会做一次所谓的沉睡会员的唤醒，效果不错。

除此之外，小店还会不时举办一些线下活动，例如甜汤品尝会、吃货大比拼以及辣味挑战赛等。

小店在开通微信会员营销之前，营业水平一般，通过微信注册会员卡以后，每个月顾客数量在80万左右，注册会员达到90多万人，总的来说是比较成功的微信会员营销。

微信会员的营销模式明显改变了传统的营销方式，除了省时省力之外，得到了更好的营销效果。对于以往入店的消费者而言，进店的目的很明确，仅仅是为了品尝好吃的食物，但是由于微信公众号将用户与店家紧密地联合起来，除了品尝美食之外，还能够享受优惠，更能够体验互动的趣味性。

在微信上，用户是企业自己的，公众号是企业自己的，数据也是企业自己的，所以餐饮企业应该学会利用微信营销平台，与顾客真正建立起联系，为顾客提供个性化服务，通过数据分析改进和提升，未来一切皆有可能！

　　会员卡是我们日常生活中接触得比较多的一类产品，会员卡的种类很多，从理发店、化妆品店、服装店到银行等，都有自己的会员，所以很多用户随身携带卡包，以便将各种各样的卡收到其中，但是微信会员很好地解放了我们的钱包。只需要通过微信就可以查询会员消费记录，进入会员中心查询具体余额，甚至通过微信进行消费。所以，微信会员已经渐渐成为一种趋势。

第 9 章
进一步玩好微信营销

虽然微信营销可以很好地帮助企业完成推广销售,从而获得收益。但是在微信营销中也有一些问题需要引起微信运营者注意,解决这些问题可以让运营者更好地完成营销。

微信营销中有哪些常见的错误

微信营销由于其低门槛而广泛受到中小企业的关注,纷纷加入微信营销的行列。可殊不知,微信营销虽然便利快捷、效果显著,但是往往也存在一些误区,一不小心商家或个人就容易陷入其中。

将微信公众号视为微博

随着微信营销概念的深入,微博渐渐出现被淡化的情况。所以有的商家将微信公众号视为微博的替代产物,用经营微博的方式来管理微信。其实,微信和微博是两个不同的产品,没有替代的问题。微信与微博有以下3点重要的区别。

- 微信是向粉丝推送消息,而微博是向粉丝展示消息,两者之间有明显的不同。微信更像是一张多功能的电子传单,微博则是一台多频道的 LED 大电视。
- 微信粉丝与粉丝之间是封闭的,没有交集和关联性,而微博的粉丝之间是能够互通的,可以查看彼此的评论与回复。所以,微博往往可以通过群体的力量来进行宣传造势,而微信却无法做到。
- 微信公众号向粉丝推送的消息往往是与产品相关的信息,需要时间来进行深阅读;而微博则是以广播的形式向粉丝发送一条消息,通常粉丝都能做到一眼带过。

这3点非常明显地将微信和微博做了区分,可以看出微信是一个具有传播和粉丝单独互动功能的社交工具,而微博是一个具有传播和粉丝群体交流的社交工具。二者虽然有共同的地方,但是对微信营销而言,微信的互动功能往往是商家最容易忽略的功能。

所以，鉴于微信和微博的不同性，不能将二者混为一谈，或者有替代的想法，但是可以将二者进行结合，从而达到营销的效果。利用微博宣传广泛的特点，通过微博炒热产品的话题，再通过微信精准地传给潜在客户。也可以在微博上打造商家品牌，引起关注，再通过微信管理。

故事借鉴

某商城微博上拥有1000多万的粉丝，在商城的大型销售活动开始之前，会提前通过微博来进行市场预热，炒作话题，测试粉丝的好感度，如图9-1所示。

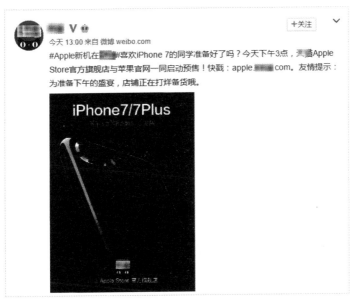

图9-1　微博官方账号发布活动信息

只靠官方的微博账号发布活动信息，往往无法吸引更多的微博网友关注，所以这时候商城联系微博加V大号进行转发。一般这些微博账号拥有众多的粉丝，通过这些微博大号的转发可以吸引更多的粉丝关注，如图9-2所示。

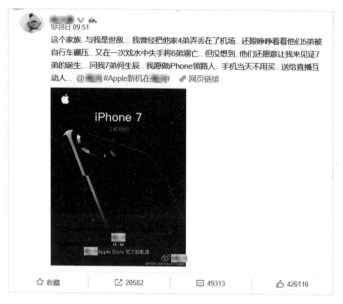

图 9-2　微博大 V 转发

最后将活动信息推送给微信中精准的潜在客户群体，如图 9-3 所示。

图 9-3　微信推送

　　微博和微信都是企业绕不开的话题，微博可以增加品牌的曝光量。但是，越来越多的品牌更希望做到精准和品牌忠诚度，微信更容易解决这一营销难题。因此，未来微信和微博进行协同营销将成为一种趋势。

过度依赖微信营销

很多商家进入了这样的一个误区，把微信当作是可以立马见效的营销手段，甚至开通微信公众号马上就会涌进大量的粉丝，然后开始每天在微信朋友圈刷各种类型的广告，以为随之而来的就是源源不断的业绩。

其实，这是对微信营销效果的一种过度夸大，微信营销虽然能够在一定程度上帮助企业完成销售任务，起到业绩支撑的作用，但是商家还是需要通过多途径来进行微信销售。通过单一刷朋友圈广告的方式只会让朋友厌倦，然后删除拉黑。

现在是一个多元化的营销时代，线上营销与线下营销相配合，同样的微信营销也不是单靠微信来完成所有的营销过程。微信营销也会结合视频营销、软文营销以及电话营销等一系列的营销方式，使其营销的效果更明显。

虽然微信可以跟粉丝进行互动，但是除了微信群和微信好友之外，在大部分情况下，微信粉丝都处在一个被动接受信息的位置，在微信营销中可以适当加入传统的电话营销。电话营销是通过更直接的方式与微信粉丝进行互动沟通，有助于增加彼此的信任度。软文营销主要是通过给微信粉丝推送有趣的信息、原创的文章、段子或者故事来完成营销。

其实，在微信营销中，大部分都是软文营销，结合一些图片进行推送。视频营销被运用得相对少一些，因为视频播放对于用户的网络环境有一定的要求。但是在一些特殊的行业中，视频的效果往往要好于文字、图片。例如美妆行业，一般这类微信公众号都会教一些化妆的技巧方法，通过视频的方式往往更直观，如图9-4所示。

图9-4 视频营销

既然是营销，多途径的宣传营销方式除了能够给粉丝带来新鲜感之外，还能够刺激潜在的客户进行消费，从而达到营销的目的。

跟风行为的微信营销

有这样一部分的实体店商家，开通微信公众号仅仅是为了跟风，为了不落人后，所以加入微信营销的行列。他们都知道微信是一个比较好的营销工具，也希望能通过微信的方式扩展自己的营业情况，但是往往事与愿违。

因为这类商家并没有真正地考虑微信营销，更没有关注微信中的互动。对这样的微信商家而言，他们理解的微信营销就是简单地在朋友圈不停刷新广告，以及通过推送的方式向用户推送产品信息。这样的结果往往是被朋友拉黑、屏蔽或取消关注。所以在很长一段时间内得不到营销效果之后，就迅速放弃。

当商家决定开始微信营销时一定要慎重思考，虽然微信是一个很好的营销平台，但是实际上并不适合所有的行业。所以商家在希望通过微信进行营销推广时，一定要经过深思熟虑。

对于商家企业而言，微信这个工具，用好了可以维护老客户，锁定老客户，发展新客户，建立自己的品牌，推动业绩的成倍增长。但是盲目去玩，没有玩好，那就是在影响自己的形象。下面以一个具体的实例来分析微信营销失败的原因。

故事借鉴

张先生在单位上班，中午时间经常会跟朋友一起到单位附近的餐馆解决午餐问题。一天张先生和几个朋友发现了一家新的拉面馆正在举办开业活动，吸引了很多的群众，秉着尝尝鲜的态度，几人进入拉面馆。

开业活动中说明，扫描二维码关注微信公众号并转发到朋友圈就赠送一瓶饮料。张先生和朋友觉得挺好的，便纷纷在服务员的指引下先关注了微信，并转发朋友圈。

然后便开始排队点餐、领饮料、落座吃饭。张先生和朋友们都觉得面的味道还不错，饭后餐馆还根据不同的消费情况分别赠送了9折、8.5折的优惠券。不过关注微信后，张先生每天都会收到一条很老套的广告，还有一些"搬运"文章，于是很快就将微信取消关注了。

可以看到案例中的微信营销是比较失败的，微信营销并非只是简单地做做表面功夫，必须要根据实际情况具体分析才能做好。案例中的拉面馆主要存在以下几个问题。

（1）发展顾客，成为会员

拉面馆这次的开店活动吸引了很多顾客，其实可以将第一次进店的顾客转化成为会员。而拉面馆只是赠送了优惠券，希望通过优惠券吸引顾客的二次光临。如果将顾客转化为会员，通过会员价吸引顾客，以及通过消费积分等方式留住顾客，这样的方式简单有效，效果远比赠送优惠券明显。

另外，优惠券的赠送明显将顾客进行了区分，这样会给顾客不好的用户体验。其实就拉面馆而言，9折和8.5折并不会有太大的区别。例如，一碗面价格25元，此时9折为22.5元，8.5折为21.25元，差距并不大。而通过不同的优惠券将顾客进行区分，并不会让顾客多消费。

（2）客户群体的维护

可以看到的是，拉面馆的开业活动一开始比较成功，也吸引了众多的顾客进行关注。但是拉面馆比较欠缺的是对顾客群体的维护，活动结束后很多人都取消了对拉面馆的关注。所以，从一开始做微信公众平台营销就需要维护对其关注的用户，分享一些活动的情况，也可以征集一些顾客吃饭的照片、对餐馆的意见以及对拉面味道的看法等，做一些有趣的互动以及抽奖活动等。

另外，还可以通过第三方服务平台进行会员管理和微商城等服务，推出一些快捷、实惠的订餐服务，给没有时间到店消费的顾客提供便利。在微信公众平台上创建微商城，微商城上提供客户点餐率比较高的菜品，这样可以减少用户的选择时间，更快地达成下单，采用到付的方式减少流程，简单方便，这些工作只要有专人负责即可，订餐体系一定要独立快速，保证送餐质量，长久服务必能带来回报。

（3）推陈出新，给人惊喜

现在的餐饮行业竞争激烈，大大小小的餐馆如雨后春笋般冒出来，所以餐馆更应该研发新品。对于餐馆而言，菜品是主要角色，拉面馆经营一段时间后根据顾客的点餐数据，找出最受欢迎的产品，以及最不受欢迎的产品。保留好的产品，对于不好的产品分析其原因，进行改良。

新品也必须有更新,才能满足新老顾客对店家的期待。对于新品,在研发初期可以在微信上进行调查活动,例如"你期望的拉面是什么样的"、"什么样的拉面可以满足你的期待"以及"这碗拉面里面你希望放些什么"等。以这样的线上活动,在微信上跟顾客进行互动,让顾客参与新品研发。

新品出来之后可以在微信上开办试吃活动,通过一些有趣的在线活动选出一批顾客到店进行免费的试吃,也可以通过微信推送预约会员凭积分卡到店内体验新品,新会员可以享受打折优惠等活动。通过一系列的方式,可以让新品得到更多人的品尝,试吃结束后再进行反馈调查和改进口味,以便得到好的新品。

综上所述,微信营销更多的是站到顾客的角度来思考,怎样才能够给顾客提供便利,怎样才能让顾客有好的用户体验等,站到顾客角度来思考的商家更能明白顾客真正需要的是什么,微信营销也比较容易获得成功。

创新才能够更好地营销

在物质渐丰的今天,传统的丰衣足食显然已经不能够满足人们的需求,人们开始追求精神上的享受。在这样的情况下,创新便格外重要,有新意的产品可以在众多同类的产品中脱颖而出。营销也是如此,新颖的营销方式往往更容易被人们接受。

聊天机器人的营销时代

提到机器人,很多人会首先想到科技馆,但是如今机器人距离人们的生活越来越近,例如餐厅的机器人服务员点餐、家里机器人打扫卫生以及机器人搜救队等。有的商家率先将机器人引入微信营销当中,大幅减少了工作量之外,也给微信粉丝带来了便利。

在微信互动方面,长虹公司做得非常成功,他们将一对一沟通方式发挥到了最好。在现在这个以大量优惠、打折以及促销吸引粉丝关注的时代,长虹机器人则通过朋友聊天的方式来拉近与用户之间的距离。

> 故事借鉴

长虹是家电产品中比较有名气的品牌之一,长虹企业在开通微信公众号之后,主要使用微信的聊天功能,将许多话题设置好。为了满足用户对话的需求,长虹的官方微信设置大量的关键词来辅助完成交流,其中除了长虹企业的产品之外,还包括了生活中的方方面面。

用户可以根据自己的心情或者时下的热点话题来与机器人进行聊天互动,因为这些信息具有及时性和互动性,甚至比一些语音助手还要方便,知道用户需要些什么,如图9-5所示。

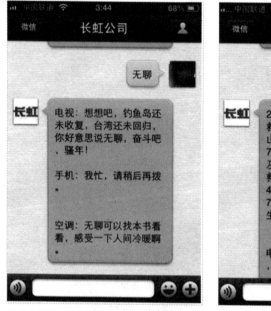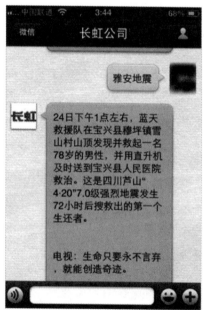

图9-5 长虹微信与用户聊天互动

在聊天的过程中，微信机器人可以通过不同的角色来完成回答，这样的聊天让用户觉得新鲜有趣，而实时有效的热点新闻也能使关注用户第一时间得到相关消息。

长虹集团就是使用微信的聊天功能，将许多话题设置好，例如与用户对话的有电视、冰箱以及空调等，让消费者无聊的时候了解一些目前大家都比较关心的话题。通过这种方式，长虹集团将目前的产品在不知不觉中深入消费者的内心。相比传统的广告推送，这样通过沟通交流的互动更容易打动消费者。

可口可乐瓶盖里的微信营销

可口可乐相信大家都不会陌生，目前全球每天有17亿消费者在畅饮可口可乐的产品，大约每秒钟售出194000瓶饮料。可口可乐也有很多成功的营销案例，最为大家所熟悉的应该是经典的瓶盖营销策略，即"再来一瓶"。

但是这种通过降低利润来提高销量的方式，在众多的饮料产品中都有运用，并没有特别的优势，另外瓶盖的结算方式烦琐，所以营销效果越发不明显。在这样的情况下，可口可乐想到了通过微信来进行营销，下面来详细介绍可口可乐瓶盖里的微信营销。

故事借鉴

可口可乐与微信、易迅三方合作推出的"3PM 午后畅爽畅赢"活动，正是利用瓶盖里的数字编码，为消费者带来了全新的品牌互动体验。在活动举办期间，消费者扫描瓶身上的二维码关注可口可乐官方微信，点击"3点秒杀"按钮，即可输入瓶盖内的 pincode，如图 9-6 所示。

图 9-6　可口可乐瓶盖营销活动

输入 pincode 之后,即可参与每天下午 3 点的畅爽秒杀限量版三星手机活动,如图 9-7 所示。

图 9-7　3 点畅爽秒大奖

在此次活动开始前一周,官方预热活动启动,张扬搞怪、充满网络时代气息的海报随处可见,吸引数不清的年轻一族拧开可口可乐瓶盖,用微信试试手气、分享快乐。

根据统计,此次的可口可乐营销一共投入9.9亿定制产品,借助微信平台、商品编码与消费者实现了快速的互动,也将可口可乐线下的零散客户群体吸引到了线上,进一步培养消费者对品牌的忠诚度。而9.9亿产品在卖出的同时,也吸引了众多的粉丝关注。对于可口可乐公司而言,这是一次比较成功的营销经历。

对于很多类似饮料这种快速消费的产品,消费者大多属于一次性消费,普遍比较散,不容易聚集。另外,随着市面上同类型的饮料产品越来越多,消费者很难成为某一品牌的忠实粉丝,但是可口可乐通过一连串的商品编码,用微信平台成功拉近了粉丝与品牌之间的距离。

麦当劳与微信支付合作:智慧化餐厅

麦当劳(McDonald's)是全球型的跨国连锁快餐企业,创立于1954年,主要售卖汉堡、薯条、炸鸡、汽水以及冰品等。随着互联网的兴起,麦当劳也快速地投入移动客户端,与微信进行了合作。

故事借鉴

2015年10月,微信支付与麦当劳展开合作,这次合作创建了一家智慧化的餐厅,而餐厅的智慧化体现在麦当劳店内的每一个细节之处。

传统的麦当劳餐厅,顾客进入店内,一般需要经过点餐、支付以及用餐3个步骤。而这家智慧化的麦当劳餐厅对消费者的消费步骤进行了改善,消费者进入店内首先摇一摇获得优惠券,然后直接找座位入座,接着扫描桌面上的二维码进行微信点餐后直接使用刚获得的优惠券进行支付。支付完成之后还可以和好友互动分享,将麦当劳优惠券信息分享给好友。

微信摇一摇就可以得到汉堡优惠券,最高可得到50个红堡,如图9-8所示。

图 9-8　麦当劳摇一摇

除此之外,麦当劳的微信支付旗舰店内,从店外到店内,从餐桌到 show girl,店内的每个设计细节都将微信支付与麦当劳进行了融合,整体更显时尚与简便,如图 9-9 所示。

图 9-9　麦当劳微信支付旗舰店店内展示

麦当劳微信旗舰店的展开，完成了传统意义上的微信支付升级，将微信红包、微信摇一摇、微信转账以及微信点赞巧妙地进行了融合，从而给用户以新的体验。这样创新的尝试不仅吸引了消费者的关注，也给消费者新的体验。

百事可乐：百事挑赞，微信活动

既然前面提到了可口可乐，就不得不提另一个饮料界的龙头——百事可乐。两家企业相爱相杀多年，对于微信营销这件事，百事可乐也没有放下脚步。百事可乐在全球范围内重启40年前的"Pepsi Challenge"主题营销活动，重塑品牌在年轻人心中的形象。将"挑战"和"点赞"结合起来，制定出"百事挑赞"的主题，通过跨界合作多个领域，鼓励90后尝试不同的挑战，从而号召更多的人为他们点赞。下面来具体看看百事可乐的"百事挑赞"微信营销活动。

故事借鉴

百事可乐将挑战的目光投向90后，积极观察90后的特点，发现90后是极具个性而又张扬的一代，点赞是他们表达认同的一种方式。根据他们这一特性，鼓励更多的90后参与到挑战当中。所以，百事可乐的百事挑赞主题活动将围绕设计、电影、娱乐、体育和时尚5个主题进行。消费者扫描瓶身上的二维码就可以开启属于自己的挑战赛，如图9-10所示。

图9-10　微信参与挑战赛

首先是设计类挑战，设计出属于自己的挑赞罐H5。消费者通过上传照片，通过数字手段进行棱镜折射效果处理，设计出专属的"挑赞罐"包装，从而传递出"设计"挑战的创新精神。同时跨界邀请90后涂鸦大师，将挑赞图案进行涂鸦，画于上海莫干山路，如图9-11所示。

图9-11　将挑赞图案进行涂鸦

在电影类的挑战中，携手《栀子花开》制作"挑战日历"。即在电影上映前7天，结合电影中的某主演的挑战花絮内容，与消费者一起完成挑战，拼出"峰格海报"，为电影上映点赞，如图9-12所示。

图9-12　制作电影挑战日历

在娱乐类的挑战方面，与某卫视合作某综艺节目。消费者在观看综艺节目的同时可以通过微信玩同款游戏。百事可乐制作出该综艺节目的互动中心，可以一边玩微信游戏，一边赢取明星的周边产品，从而增加消费者对品牌的好感度。

在体育类的挑战中，百事可乐携手世界流行的荧光炫彩夜跑。在广州、北京、上海、深圳4个城市炫酷开跑。在体育挑战中结合线上、线下互动，消费者在微信上接受发布的任务，然后线下接受挑战，夜跑全程直播，如图9-13所示。

图9-13　百事可乐夜跑挑战

时尚类挑战，百事可乐上海时装周，共创时尚作品，携手多位国内优秀设计师，挑战自我，时尚作品植入百事色彩和元素。在科技类的挑战中，助理小发明家薛某将百事可乐罐改造成汽车尾气简易过滤装置，以及协助环保达人改造快递盒子，进行废物再利用。

百事可乐的本次"挑赞"营销，完成了原本似乎不可能完成的任务。查看百事可乐挑赞的结果："百事挑赞"事件营销活动共获得点赞超过50亿，社交媒体互动讨论超过600万，在中国市场的覆盖面达到80%，大部分年轻消费者对百事可乐的"挑战者"身份表示认同。

百事可乐结合微信将营销的目光瞄准90后这一批爱好挑战的年轻人，通过简单的参与方式让选手参与进来，然后利用微信加深了消费者与企业之间的联系，增强了品牌效应。

百事可乐通过本次全方位的大型事件营销活动，成功将品牌文化重新推向年轻人，是一次比较成功的营销策略策划。同时，也为广大企业和营销人打了一剂强心针，挑战不可能，才会拥有更多的可能。

微信营销的效果查看

很多的微信商家只是埋头经营自己的微信公众号，每天固定推送各种产品信息，日复一日，机械又麻木。但是真正懂得营销的人会合理利用数据反馈，结合用户的反映来随时更改自己的营销策略，简单来说就是懂得评估微信营销的效果。

如何利用客观数据来对微信营销进行评估

客观数据指的是可以完全指标化、数字化的客观存在的数字，具体到微信营销方面就是有效到达率、打开率和阅读率等数据。这些实实在在的数据更能直接全面地反映微信营销的效果。

（1）有效到达率

有效到达率比较好理解，就是商家将信息精准推送给粉丝，用户准确收到推送消息。很多人会有疑问，为什么有效到达率只是90%，而不是100%呢？用户关注的微信公众号较多，而不同的微信公众号推送消息的时间不同，有的微信公众号推送消息时微信用户正在工作或者忙碌，没有时间，此时他们就会选择拒绝接收消息，等到有需要时再打开。

（2）文章的阅读率

在了解这个指标之前，首先需要知道这个数据是如何计算得来的，文章阅读率的计算公式如下所示。

文章阅读率 ≈ 文章阅读数 / 公众号粉丝数

这个指标在一定程度上能反映出微信公众号内容对于关注者的吸引力，

以及微信公众号整体运营的健康程度。由于微信官方对文章阅读数的计算方法在不断调整,文章阅读数并不完全等于文章被打开的次数或者文章阅读人数,但基本呈正比关系。

一般来说,微信公众号的文章打开率在10%~15%左右,粉丝数目越多打开率会越低,只要处于这个区间一般都没太大问题。阅读率越高,说明公众号内容对粉丝吸引力越强,整体运营状况越健康;阅读率越低,说明内容要么质量不够,要么方向错误,需要及时分析原因。

(3)有效客户转化率

在前面章节曾经提及过有效客户的转化率,这个转化率直接关系到销售效果,有效客户转化率高说明成交客户较多,反之则成交客户较少。有效客户转化率的计算公式如下所示。

有效客户转化率 = 成交客户数量 / 公众号粉丝数

这个指标反映的是公众号粉丝有多少比例转化为最终的成交客户,最直观地展现微信营销的效果。

微信营销最终的目标仍然是"成交",也就是把关注者转化为真正的客户。为了达到这个目标,运营者需要找到合适的引导方式,在不引起粉丝反感的前提下策划好产品售卖形式,提高粉丝的购买冲动,不断提高有效客户转化率。

(4)销售业绩

对于企业而言,销售业绩数据则是最重要的数据,也是一个企业的利润来源。除了某些企业开通微信公众号侧重于品牌宣传之外,大部分的企业都是希望能够通过微信直接进行产品或者服务的销售。所以在微信营销效果评估中,销售业绩自然也是最重要的指标之一。

除了部分的专业微商之外,大部分的商家、企业除了微信之外,还有其他的销售渠道，所以商家在评估微信营销效果时就需要注意将不同渠道的销售业绩进行区分并单独统计出不同时期通过微信营销转化的销售业绩，才能客观反映出营销产生的效果。

在评估销售业绩时需要注意，如果直接销售产品，微信这个平台比其他成熟的电子商务平台其实并没有很大优势。它主要的优势在于客户维护，只要把客户维护好了，在进行二次销售时这种优势就会体现出巨大的威力。因此，我们除了按照时间周期去统计销售业绩之外，最好也要仔细分析一下客户二次销售业绩的情况。

（5）粉丝增长趋势

除了考量公众号粉丝绝对数量之外，也需要时时关注不同时间段粉丝的增长曲线。一般来说，公众号粉丝的增长速度会呈现"慢－快－慢"的波动曲线，处于不断变化的状态。正常运营的公众号，粉丝数目逐渐会趋于平稳增长。当有大的推广活动时，又会在一段时间内较快增长。

粉丝增长曲线非常复杂，很难客观地反映微信营销的效果。但是如果某段时间内粉丝数量增速突然极度放缓，甚至出现粉丝数量负增长的情况就需要提高警惕了，这往往代表运营过程中出现了某些严重的错误，需要运营者及时找到问题并妥善解决。

以上这些数据都是微信营销中比较重要的数据，实时关注分析这些数据可以帮助营销者了解营销效果，从而对微信的营销方案进行改进。

如何通过主观感受来查看微信营销效果

主观感受通常指的是一些难以直接通过数字来衡量，但是又确实能够反映微信营销效果的衡量依据，例如公众号整体体验度、公众号受欢迎程度、公众号整体评价等。微信营销的效果评估，除了前文提到的客观数据之外，对微信公众号的主观感受也是重要的效果评估依据,而通常大部分的主观感受很难直接用数字来计算衡量。

对于客观的数据可以通过微信公众号的各项功能页面来计算,例如图文分析、消息分析以及接口分析等。而对于很难直接用数字衡量的主观感受可以通过有奖问卷调查、随机抽查互动的方法进行检验,如图9-14所示。

图9-14 微信有奖问卷调查

上图为比较常见的微信问卷调查,可以看到这类问卷调查一般都采用匿名的形式,匿名除了能够保护参与用户的隐私之外,还能降低参与用户的防范心理。图中的问卷调查结构比较完整,从用户报名参与到回答问题,最后问卷完成,整个过程简单方便,不会给用户过多的负担。但是微信营销经营者在制作微信有奖调查内容时,也需要注意以下几点问题。

首先,问卷调查的问题不能太多太复杂,问卷的主要目的是为了了解用户对于微信公众号的体验感受,太复杂的问卷反而会打消用户参与有奖问答的积极性,降低他们的热情。

然后,微信营销经营者需要准备一定的方法来提高用户参与调查的积极性,从而引导用户填写心里最真实的想法。

另外,调查的样本数量一定要够,调查数量少只能代表部分客户的想法,在大数据的保护下才能够保证反馈信息的客观性和代表性。这样的问卷调查也可以定期制作，可以直接反映出粉丝群体对于微信公众号的整体印象，并且找到不足之处，给微信营销方向策略的调整提供最客观的信息依据。下面是某微商做的微信问卷调查案例。

故事借鉴

号外！号外！问卷调查，发奖品啦～～～为了感谢新老用户对××网一直以来的支持与厚爱，特此举办问卷活动，欢迎关注××网的朋友们积极参与，请在问卷中详细填写您的信息资料，稍后我们会从中抽取幸运读者，并邮寄精美礼品哦，快来参加吧～（整个活动都是匿名形式，并且答案都会得到保护，留下信息为了方便给您邮寄礼物。）

Q1：姓名

Q2：性别

Q3：手机号码

Q4：邮箱

Q5：您所在城市

省份（ ）城市（ ）区/县

Q6：您关注××网是通过以下哪种渠道

1.××网官方网站、官方微博的微信链接

2.朋友圈推荐

3.主动搜索

4.其他

Q7：您希望在哪个时间段给您推送微信订阅号内容呢？

1.早上醒来：（6:00～8:00）

2. 午休时间：（11:30～13:30）

3. 下班时间：（17:00～19:00）

4. 临睡前：（22:00～）

Q8：您一般一天花多长时间查看微信订阅号内容呢?

1.15 分钟以内

2.15～30 分钟

3.30～60 分钟

4.60 分钟以上

Q9：在为您推送的微信文章中，您更喜欢什么类型的文章呢?

1. 娱乐、八卦方面的文章

2. 国际、政治方面的文章

3. 文化、历史方面的文章

4. 一周观点、实时点评以及本网策划的文章

Q10：您关注一个微信订阅号和哪些因素有关呢?

1. 内容精彩

2. 排版美观

3. 互动频繁

4. 形式多样

可以看到在案例中，××网的问卷问题数量并不多，不会引起参与调查者的反感。另外，这份调查属于微信营销前期类的调查，主要目的在于调查粉丝来源、粉丝查看订阅号的习惯以及用户喜欢的订阅号内容。通过这些用户对订阅号的主观意见，可以帮助微信营销经营者制作出更受用户

喜欢的推送内容，从而达到较好的微信营销效果。

效果评估需要注意些什么

微信营销运营者在对客观数据与主观感受信息进行整合评估之后，对整体的营销效果就有一个大概的了解。但是在分析、反馈这些数据，进行效果评估时，有一些地方需要微信营销运营者注意。

（1）侧重于绝对数量

很多企业在做微信效果评估时都会侧重于绝对数量，不管是粉丝数量还是日活跃用户数量，这样分析得来的结论往往并不准确。不可否认的是，微信公众号的粉丝数量在一定程度上确实能够反映出微信推广的效果。但要知道每个企业具备的资源和所处的领域并不同，所以只是单纯地通过粉丝数量来衡量一个微信公众号的营销效果是不全面的。与此同时，可以通过下面一些方法来综合进行评估。

- 领域对比综合评估

在一个偏冷门的领域，一万的粉丝量可能在行业中已经是一个比较好的数字。但是在热门一些的行业、领域中，一万的粉丝数量可能连入门级别都尚未达到。

所以进行营销效果评估时，一方面可以放到全领域中和其他的公众号进行对比，大概地查看该微信公众号在大环境中所处的位置；另一方面，可以和同行业的其他竞争对手进行对比，同行业间的对比往往更为重要，也能够得到比较客观的评价。

- 自身不同时间段的对比

我们都知道评估一个微信公众号的营销效果其中包括粉丝数量的增长情况。然而评估粉丝数量是否达标，除了看绝对数量之外，也要对比公众号自身不同阶段的粉丝数量增长情况。前文提到粉丝的增长情况通常呈现出"慢－快－慢"的趋势，所以单纯以粉丝的绝对数量为标准，而不考虑公众号自身所在的阶段，这样的结论是无效的。

例如，一个微信公众号的微信粉丝数量有300万个，单独看粉丝的数字并不能代表什么。如果在微信营销之前粉丝的数量为0，在微信营销推广后3个月粉丝数量达到300万，那么可以说该营销是比较成功的营销。相反，在微信营销之前就通过微博官网、企业官网等途径引流粉丝300多万，实施营销几个月后，粉丝数量还是300万，则说明营销的效果并不明显。

- 考虑资源的投入情况

除了考虑粉丝的数量等数据之外，企业也需要考虑自身的资源投入情况。一个企业在微信上面投入了多少资源、多少劳动力，然后得到的微信营销效果都需要被核算。同样的一个公众号，投入10万元的预算和投入1万元的预算，期望得到相同的营销效果显然是不太现实的情况。

（2）注意长短期评估相结合

很多微信企业在对微信营销效果做评估时都喜欢定期进行，在同一期间分析微信营销的效果，从而查看微信营销的同期增长率，这是一个比较好的评估方式。

但是微信商家需要注意的是，和传统的行业相比，移动互联网的发展更快，面临的各种各样变化的因素也更多，例如微信平台自身的系统升级、功能更新等，或者是微信公众号根据市场环境所做的细节调整，都会对微信营销效果造成不同程度的影响。此时，如果还只是进行传统的定期评估，得到的结论就会存在一定的偶然性。

因此，除了需要定期对营销效果作评估之外，还需要在某些关键时间节点及时进行营销数据的总结分析，将短期评估和长期评估结合起来。

- **长期评估**：可以根据企业所在行业的特点以周或者月为单位对微信营销进行评估，同时每个季度、半年以及一年进行完整的评估分析。
- **短期评估**：分为系统型和非系统型两种情况。系统型造成的短期评估包括微信公众号新功能推出、版本升级等，当这种系统型的事件发生时，企业需要在短时间内对各类数据进行评估，如数据出现较大波动，需要及时找到原因，并且据此制定应对策略。而非系统型的短期评估则是根据商家需求，对后台数据进行实时监控。一般，不管是粉丝增长率、互动次数，还是成交金额等数据都会遵循一定的规律，大体上呈现平稳发展的趋势。如数据短时间内出现较大的波动，意味着发生了意外事件。

总而言之，有效的微信营销效果评估能够帮助企业找到自身推送的不足，从而改进优化公众号。所以评估微信营销的效果显得尤为重要，因此微信营销的经营者更需要注意评估中的注意事项。